U0750610

笃行汉语·专业汉语系列

陈昭玲　编著

对外粤语速成教程

暨南大学出版社
JINAN UNIVERSITY PRESS

中国·广州

图书在版编目（CIP）数据

对外粤语速成教程／陈昭玲编著．—广州：暨南大学出版社，2013.5
（笃行汉语·专业汉语系列）
ISBN 978－7－5668－0426－6

Ⅰ.①对… Ⅱ.①陈… Ⅲ.①粤语—口语—教材 Ⅳ.①H178

中国版本图书馆 CIP 数据核字（2012）第 284040 号

出版发行：暨南大学出版社

地　址：中国广州暨南大学
电　话：总编室（8620）85221601
营销部（8620）85225284　85228291　85228292（邮购）
传　真：（8620）85221583（办公室）　85223774（营销部）
邮　编：510630
网　址：http：//www.jnupress.com　http：//press.jnu.edu.cn

排　版：弓设计
印　刷：佛山市浩文彩色印刷有限公司

开　本：787mm×1092mm　1/16
印　张：10.25
字　数：196 千
版　次：2013 年 5 月第 1 版
印　次：2013 年 5 月第 1 次
印　数：1—2000 册

定　价：28.00 元

总　序

“笃行”一词见于《礼记·中庸》：“博学之，审问之，慎思之，明辨之，笃行之。”作为治学或者学习活动的最后一个阶段，“笃行”意味着只有知识付诸实践才是一次学习活动的真正完成，也只有能够付诸实践的知识才是真正的知识。本书系命名为“笃行汉语”，兼有上述两种意思。

就作为第二语言的汉语教学而言，它的直接目的是学生汉语综合能力的养成和提高。服务于这个目标，我们一方面重视教材、教法的实践性，另一方面也充分认识到，在学习活动中，知识内化为能力和自觉的意识是一个复杂的、多重因素共同作用的过程。而且，越是到高级阶段，所需仰赖的纯语言学意义的知识的比例便越小。因此，本书系拟分为两大类四个系列。其中，语言技能系列、专业汉语系列旨在培养学生的基本汉语技能以及在某一领域（譬如商务活动、酒店旅游、汉语教学等）内运用汉语的能力；文学文化系列、课外读物系列主要针对中高级汉语程度的学生，强化其在跨文化交际活动中以文化行事的能力。就后一大类而言，它和坊间同类书籍的最大区别在于，它尤为重视培养学生的文化能力或以文化行事的能力，而不是单纯的知识学习、文化体验。

“忠信笃敬”是暨南大学所恪守的校训，“笃行”之意包含于其中；“忠信笃敬、知行合一、自强不息、和而不同”的暨南精神，更说明了暨南人对科学的实践精神的自觉承担。华文学院是暨南大学面向海外及港、澳、台地区开展华文教育、对外汉语教学和预科教育的国际化专门学院。学院师资力量雄厚，人才培养体系完善，学习条件优越，生活环境舒适。半个世纪以来，华文学院共培养了十万余名学子，遍及全球五大洲，桃李满天下。目前，华文学院已经成为位于中国南方的，集科学研究、教材研发、人才培养、师资培训于一体，在国内外享有盛誉的华文教育及对外汉语教学重镇，每年都有来自全球几十个国家和地区的数千名学生入读华文学院。2012 年，暨南大学华文教育研究院的成立，标志着华文学院的发展跨上了新的台阶。目前，华文教育研究院正在研发的华文水平测试、华文教师资格认证，以及各国别华文本土化教材的编写，都将为世界华文教育事业、汉语国际推广事业做出重要贡献。

笃行汉语书系以华文学院强大的师资力量、完善的课程体系和丰厚的教学实践经验为依托，所收入教材都是编写者在自身所承担课程的多轮讲授过程中积累、酝酿而出的。可以说，它出自经验丰富、学养深厚的一线教师之手，是华文学院汉语教学类课程建设的有机组成，具有极强的实战性、针对性，因此也必将对汉语学习者语言能力的提高有所助益。

暨南大学出版社是国务院侨务办公室主管、暨南大学主办的综合性大学出版社，多年来坚持“为教学科研服务，为侨务工作服务”的出版宗旨，尤其注重华文教育和传统文化类图书的开发，其中由暨南大学华文学院主编的《中文》和由北京华文学院主编的《汉语》教材全球发行量已超一千万册，是海外发行量最大的华文教材，受到海内外华文学习者的广泛赞誉。笃行汉语书系是华文学院与暨南大学出版社的又一次合作。我们相信，在双方的共同努力下，笃行汉语书系一定能够坚定地、持续地走下去，走出属于自己的一片天地！

笃行汉语书系编委会

2013 年 5 月于暨南园

前　言

【编写目的】

随着汉语热，世界各地也掀起了粤语热。然而，在国内琳琅满目的书摊上虽然随处可见广州话教材和学习小册子，却很少有适合外国人学习的，规范化的对外粤语教材更不多见。我从事对外汉语教学和对外粤语教学多年，深感编写规范化对外粤语教材的责任重大，于是早在20世纪90年代初就开始动笔写供外国留学生学习的广州话教材。经多次试讲和反复修改，最后在2007年印刷成书，书名是《留学生实用广州话速成》。

【改版说明】

《留学生实用广州话速成》作为对外粤语教学用书一经在暨南大学华文学院内部推出就大受欢迎，我执教的外国留学生粤语选修课也因此火了起来。如今，承蒙学院领导的关心和重视，《留学生实用广州话速成》一书获批由学院推荐提交暨南大学出版社正式出版。因考虑到原教材部分教学内容和词汇需要更新或补充，尤其是考虑到多层次教学对象的需求以及量化考核和细化考核的需要，我在原教材的架构上做了全新文字改版，并经建议后，将书名改为《对外粤语速成教程》。

【适用对象】

《对外粤语速成教程》是对外粤语本科教材，也可作为非学历外国留学生粤语选修学习用书，同样也适合其他外国人士以及国内非粤语地区的人士自学。

【编写依据】

1960年广东省教育行政部门正式公布《广州话拼音方案》，后经饶秉才等专家修改和完善。1983年广东人民出版社出版发行了饶秉才主编的《广州音字典》，刊登了新的《广州话拼音方案》。本教材中的广州话语音和文字主要以此方案和此字典为依据，还参考了1981年和1997年相继由饶秉才、欧阳觉亚、周无忌三人主编的商务印书馆出版发行的《广州话方言词典》和广东人民出版社出版发行的《广州话词典》。

【编写原则】

实用、简明、易懂、易学、易记、易查是编写该教材秉承的原则。

【教材体例】

《对外粤语速成教程》包括了广州话语音和10篇课文。每篇课文又分会话入门篇与提高篇以及阅读课文，列出了常用句型，还对常用词语进行分类和扩展。据粗略统计，收词700多个，其中入门篇约250个，提高篇约240个（未计专有名词）。

【学时安排】

教材可供在校粤语选修生一学期每周2学时使用（一个学时45或50分钟）。

【教材特色】

简明实用，易于速成是本教材突出的一大特色。教材选取的主要是学了就能马上用的日常交际话题，具体包括问候、介绍、乘车、购物、吃饭、打电话、谈学习、说爱好以及问姓名、问年龄、问家庭、问地址、问路、问日期、问时间等。交际功能十分明确，可以快速达成初学者愿望：能听、说简单的粤语日常用语或进行简短的粤语对话，满足基本的粤语日常交际需求。

量化粤语词汇和细化语法等级是本教材第二大特色，解决了汉语程度不一的在校外国留学生同班学习粤语的教学用书难题，同时也方便了外国留学生粤语水平测试。教材参照了初级和中级对外汉语教学大纲中的普通话常用词汇与语法句式，选取了相应的广州话词汇和语法句式。入门篇可以满足最简单、最基本的日常粤语交际需要，适合初级汉语程度的外国初学者学习与测试。提高篇在话题内容上是入门篇的扩展延伸，同时又增加了词汇量和语法难度，可以供中高级汉语程度的外国人士继续学习与测试。

汉语普通话与广州话语音、文字对照和中英文注释生词也是其特色之一。粤语是汉语的七大方言之一，广州话是其代表，人们习惯称其为广东话或广府话。现代汉语方言广州话与现代汉语普通话都是古代汉语发展演变过来的，相互之间在语音、词汇和语法上有着密切的联系。因此，书中省略了课后语法解释，课文版面采用普通话与广州话语音、文字逐一对照的样式，同时课后生词表除了有普通话注释外还加了英文注释，简明易懂，易学易记。此外，为方便学习者快速查找词汇和学习词汇，书后面的词汇总表分成了两类，一是汉粤英词汇对照总表，查普通话字词找广州话词并看英文注释；二是粤汉英词汇对照总表，查广州话字词看普通话注释和英文注释。学习者不仅能通过普通话或英语学到广州话，也能通过广州话的学习加深对中国语言的认识和了解。

编 者

2012 年 7 月 6 日

目　录

guong^2 zeo^1 wɑ^2 yu^5 yem^1

广 州 话 语 音

一、广州话语音简介

（一）声母

广州话有十九个声母。为便于学习，易于掌握，我们按广州话声母的发音部位和发音部位的前后大致顺序做了分类列表。

广州话声母表

双唇和唇齿音		舌尖中音		舌叶音		舌面中音		圆唇和不圆唇舌面后音		喉音	
拼音声母	国际音标	拼音声母	国际音标	拼音声母	国际音标	拼音声母	国际音标	拼音声母	国际音标	拼音声母	国际音标
b	[p]	d	[t]	z（j）	[tʃ]	y	[j]	gu	[kω]	h	[h]
p	[p‘]	t	[t‘]	c（q）	[tʃ‘]			ku	[k‘ω]		
m	[m]	n	[n]	s（x）	[ʃ]			g	[k]		
f	[f]	l	[l]					k	[k‘]		
w	[ω]							ng	[ŋ]		

（二）韵母

广州话有五十三个韵母。根据广州话韵母的特点，我们按类列表如下：

广州话韵母表

单元音韵母	开韵尾（无韵尾）	ɑ [a]		é [ɛ]	i [i]	o [ɔ]	u [u]	ü [y]	ê [œ]	
复元音韵母	元音韵尾 [-i]	ɑi [ai]	ei [ɐi]	éi [ei]		oi [ɔi]	ui [ui]			

（续上表）

	元音韵尾 [-u]、[-y]	ɑo [au]	eo [ɐu]		iu [iu]	ou [ou]			êu [øy]	
鼻音韵母	鼻音韵尾 [-m]	ɑm [am]	em [ɐm]		im [im]					m [m]
	鼻音韵尾 [-n]	ɑn [an]	en [ɐn]		in [in]	on [ɔn]	un [un]	ün [yn]	ên [øn]	
	鼻音韵尾 [-ŋ]	ɑng [aŋ]	eng [ɐŋ]	éng [ɛŋ]	ing [ɪŋ]	ong [ɔŋ]	ung [ʊŋ]		êng [œŋ]	ng [ŋ]
塞音韵母	塞音韵尾 [-p]	ɑb [ap]	eb [ɐp]		ib [ip]					
	塞音韵尾 [-t]	ɑd [at]	ed [ɐt]		id [it]	od [ɔt]	ud [ut]	üd [yt]	êd [øt]	
	塞音韵尾 [-k]	ɑg [ak]	eg [ɐk]	ég [ɛk]	ig [ɪk]	og [ɔk]	ug [ʊk]		êg [œk]	

（三）声调

广州话有九个声调、九种调类。因为广州话 7、8、9 三个声调都是入声（韵尾有 -b、-d、-g），发音比较短促，其中声调 7 和 1、8 和 3、9 和 6 的音高大致相同，调值也差不多一样。为了方便学习，在字典和词典里将 7、8、9 三个调号改用 1、3、6 调号来表示，所以人们习惯用“九声六调”来概括广州话的声调。在书写时，调号标在音节的右上角。例如：gɑi^{3}xiu^6（介绍）。

广州话声调表

调序	调类	调型	调值	调号	例字
第一声	阴平	高平调或高降调	˥^{55} ˥˧^{53}	1	诗 xi^1
第二声	阴上	高升调	˧˥^{35}	2	史 xi^2
第三声	阴去	中平调	˧^{33}	3	试 xi^3
第四声	阳平	低平调	˩^{11}	4	时 xi^4
第五声	阳上	低升调	˩˧^{13} ˨˦^{24}	5	市 xi^5

（续上表）

调序	调类	调型	调值	调号	例字
第六声	阳去	次低平调	˨^{22} ˨˩^{21}	6	事 xi^{6}
第七声	阴入	高平调	˥^{5}	1（7）	识 xig^{1}
第八声	中入	中平调	˧^{3}	3（8）	锡 xig^{3}
第九声	阳入	次低平调	˨^{2} ˨˩$^{\underline{21}}$	6（9）	食 xig^{6}

二、广州话语音技能训练

（一）声母的拼读

请看声母发音部位图，朗读下面表中所给的声母和例字。

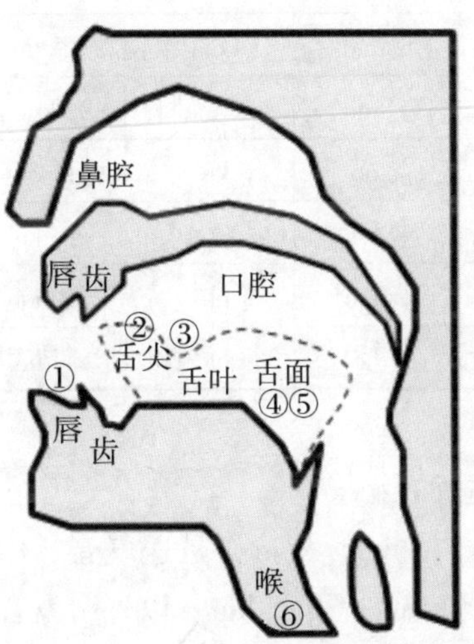

①双唇和唇齿音 b p m f w

②舌尖中音 d t n l

③舌叶音 z(j) c(q) s(x)

④舌面中音 y

⑤舌面后音 gu ku g k ng

⑥喉音 h

发音部位	拼音声母	国际音标	例字			
双唇音和唇齿音	b	[p]	巴 bɑ^{1}	[pa^{1}]	波 bo^{1}	[pɔ^{1}]
	p	[p‘]	趴 pɑ^{1}	[p‘a^{1}]	婆 po^{4}	[p‘ɔ^{4}]
	m	[m]	妈 mɑ^{1}	[ma^{1}]	摸 mo^{1}	[mɔ^{1}]
	f	[f]	花 fɑ^{1}	[fa^{1}]	科 fo^{1}	[fɔ^{1}]
	w	[ω]	蛙 wɑ^{1}	[ωa^{1}]	窝 wo^{1}	[ωɔ^{1}]

（续上表）

发音部位	拼音声母	国际音标	例字			
舌尖中音	d	[t]	打 dɑ^{2}	[ta^{2}]	多 do^{1}	[tɔ^{1}]
	t	[tʻ]	他 tɑ^{1}	[tʻa^{1}]	拖 to^{1}	[tʻɔ^{1}]
	n	[n]	拿 nɑ^{4}	[na^{4}]	挪 no^{4}	[nɔ^{4}]
	l	[l]	啦 lɑ^{1}	[la^{1}]	罗 lo^{4}	[lɔ^{4}]
舌叶音	z（j）	[tʃ]	抓 zɑ^{1}	[tʃa^{1}]	左 zo^{2}	[tʃɔ^{2}]
			知 ji^{1}	[tʃi^{1}]	住 ju^{6}	[tʃu^{6}]
	c（q）	[tʃʻ]	茶 cɑ^{4}	[tʃʻa^{4}]	初 co^{1}	[tʃʻɔ^{1}]
			次 qi^{3}	[tʃʻi^{3}]	处 qu^{3}	[tʃʻu^{3}]
	s（x）	[ʃ]	卅 sɑ^{1}	[ʃa^{1}]	梳 so^{1}	[ʃɔ^{1}]
			时 xi^{4}	[ʃi^{4}]	书 xu^{1}	[ʃu^{1}]
舌面中音	y	[j]	廿 yɑ^{6}	[ja^{6}]	唷 yo^{1}	[jɔ^{1}]
圆唇和不圆唇舌面后音	gu	[kω]	瓜 guɑ^{1}	[kωa^{1}]	过 guo^{3}	[kωɔ^{3}]
	ku	[kʻω]	夸 kuɑ^{1}	[kʻωa^{1}]	廓 kuog^{3}	[kʻωɔk^{3}]
	g	[k]	家 gɑ^{1}	[ka^{1}]	哥 go^{1}	[kɔ^{1}]
	k	[kʻ]	卡 kɑ^{1}	[kʻa^{1}]	钶 ko^{1}	[kʻɔ^{1}]
	ng	[ŋ]	牙 ngɑ^{4}	[ŋa^{4}]	我 ngo^{5}	[ŋɔ^{5}]
喉音	h	[h]	虾 hɑ^{1}	[ha^{1}]	河 ho^{4}	[hɔ^{4}]

学习广州话声母有六点是我们需要注意的：

1. 广州话的 p［pʻ］、t［tʻ］、k［kʻ］、ku［kʻω］是送气音，b［p］、d［t］、g［k］、gu［kω］是不送气音，除了 ku［kʻω］、gu［kω］以外，发音与普通话的大体相同。

2. 广州话的 z［tʃ］、c［tʃʻ］、s［ʃ］都是舌叶音，与普通话的不一样，发音部位在普通话的 z［ts］、c［tʻs］、s［s］和 j［ɕ］、q［tʻɕ］、x［ɕ］之间。广州话的 z 和 j、c 和 q、s 和 x 是相同的声母，只在与 i、ü 和 i、ü 字母开头的韵母拼写时才把 z、c、s 写成 j、q、x，这是为了方便人们互学普通话和广州话。

3. 广州话声母 gu［kω］、ku［kʻω］分别是圆唇的 g［k］、k［kʻ］，其中的 u［w］只是圆唇化符号而不是元音。当声母 gu［kω］、ku［kʻω］与 u 开头的韵母相拼时，可以省略圆唇符号 u［w］不写。

4. 广州话的 h［h］是喉音，比普通话的舌面后音 h［x］发音部位还要后。

5. 广州话 y［j］、w［w］与英语的相同，与普通话的不同，是带半元音的声母。

6. 广州话的 ng［ŋ］不仅可做元音韵尾，还可做声母，而普通话的不做声母。

（二）韵母的拼读

请先看图找出广州话舌面单元音韵母 ɑ［a］、é［ɛ］、i［i］、o［ɔ］、u［u］、ü［y］、ê［œ］和短元音［ɪ］、［e］、［ø］、［ɐ］、［ʊ］的舌位，做发音练习。

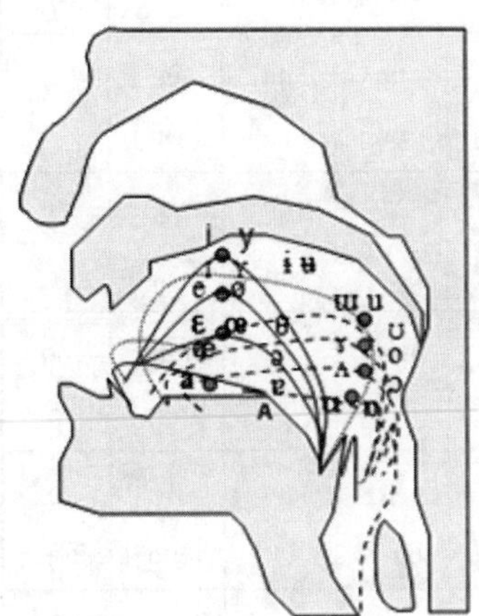

舌位		类别 / 舌位 / 唇形 / 口腔	舌面元音						
			前		央			后	
			不圆	圆	不圆	自然	圆	不圆	圆
高	最高	闭	i	y	ɨ		ʉ	ɯ	u
	次高		ɪ	Y					ʊ
中		半闭	e	ø		θ		ɤ	o
	正中		E			ə			
		半开	ɛ	œ		（ɚ）		ʌ	ɔ
低	次低		æ			ɐ			
	最低	开	a			A		ɑ	ɒ

再从上到下，从左到右朗读表中的广州话韵母和例字。

单元音韵母	开韵尾（无韵尾）	ɑ［a］		é［ɛ］	i［i］	o［ɔ］	u［u］	ü［y］	ê［œ］	
	例字	妈 mɑ1		写 sé2	衣 yi1	多 do1	父 fu6	书 xu1	靴 hê1	
复元音韵母	元音韵尾［-i］	ɑi［ai］	ei［ɐi］	éi［ei］		oi［ɔi］	ui［ui］			
	例字	大 dɑi3	西 sei1	飞 féi1		爱 ngoi3	杯 bui1			

（续上表）

	元音韵尾 [-u]、[-y]	ɑo [au]	eo [ɐu]		iu [iu]	ou [ou]			êu [øy]	
	例字	包 bɑo^{1}	九 geo^{2}		叫 giu^{3}	好 hou^{2}			去 hêu^{3}	
鼻音韵母	鼻音韵尾 [-m]	ɑm [am]	em [ɐm]		im [im]					m [m]
	例字	三 sɑm^{1}	今 gem^{1}		点 dim^{2}					唔 m^{4}
	鼻音韵尾 [-n]	ɑn [an]	en [ɐn]		in [in]	on [ɔn]	un [un]	ün [yn]	ên [øn]	
	例字	班 bɑn^{1}	斤 gen^{1}		年 nin^{4}	汉 hon^{3}	半 bun^{3}	远 yun^{5}	信 sên^{3}	
	鼻音韵尾 [-ŋ]	ɑng [aŋ]	eng [ɐŋ]	éng [ɛŋ]	ing [ɪŋ]	ong [ɔŋ]	ung [ʊŋ]		êng [œŋ]	ng [ŋ]
	例字	省 sɑng^{2}	等 deng^{2}	病 béng^{6}	京 ging^{1}	讲 gong^{2}	东 dung^{1}		两 lêng^{2}	五 ng^{5}
塞音韵母	塞音韵尾 [-p]	ɑb [ap]	eb [ɐp]		ib [ip]					
	例字	鸭 ngɑb^{3}	十 seb^{6}		接 jib^{3}					
	塞音韵尾 [-t]	ɑd [at]	ed [ɐt]		id [it]	od [ɔt]	ud [ut]	üd [yt]	êd [øt]	
	例字	八 bɑd^{3}	七 ced^{1}		热 yid^{6}	渴 hod^{3}	末 mud^{6}	月 yud^{6}	出 cêd^{1}	
	塞音韵尾 [-k]	ɑg [ak]	eg [ɐk]	ég [ɛk]	ig [ɪk]	og [ɔk]	ug [ʊk]		êg [œk]	
	例字	百 bɑg^{3}	北 beg^{1}	踢 tég^{3}	食 xig^{6}	学 hog^{6}	读 dug^{6}		脚 gêg^{3}	

学习广州话韵母有以下九点需要注意：

1. 广州话的 ɑ［a］有点像普通话的 ɑ［A］，但比普通话的发音部位稍前。

2. 广州话的 e［ɐ］与普通话的 e［ɤ］不同，可以看作是 ɑ［a］的短音，比广州话的 ɑ［a］开口度小一点，舌头稍后缩，发音短促。

3. 广州话的 é［ɛ］与英语的［ɛə］中的［ɛ］和普通话 ie［iɛ］中的［ɛ］相似。

4. 广州话的 i 与普通话的 i 读音相似。但广州话 ing［ɪŋ］和 ig［ɪk］中的 i［ɪ］是短元音，比 i［i］开口大。因此，广州话的 ing［ɪŋ］与普通话的 ing［iŋ］明显不同。

5. 广州话的 ou［ou］与普通话的相同，但广州话的 o［ɔ］发音与英语的［ɔ］相同，比普通话的 o［o］开口大。广州话 ɑo［au］、eo［ɐu］的韵尾虽然写成 o 却要发［u］音。

6. 广州话的 u［u］与普通话的大致相同，但广州话的 ung［ʊŋ］和 ug［ʊk］中的 u［ʊ］是短元音，比 u［u］开口大一点，所以广州话的 ung［ʊŋ］与普通话的 ong［uŋ］明显不同。

7. 广州话的 ü［y］读音与普通话的相似。

8. 广州话的 ê［œ］是圆唇的［ɛ］，英语和普通话都没有这个音。广州话的 êu［øy］、ên［øn］、êd［øt］中的 ê 是短元音，比长元音 ê［œ］开口小，读音相当于国际音标的［ø］。另外，广州话 êu［øy］中的韵尾是 ü［y］，拼写时省去 ü 上的两点。

9. 广州话的 m［m］、ng［ŋ］是自成音节的鼻音韵母，不与其他声母相拼。

（三）声调训练

1. 请看广州话声调表，朗读声调例字。

调序	调类	调型	调值	调号	例字
第一声	阴平	高平调或高降调	˥ 55 ˥˧ 53	1	诗 xi^{1}
第二声	阴上	高升调	˧˥ 35	2	史 xi^{2}
第三声	阴去	中平调	˧ 33	3	试 xi^{3}
第四声	阳平	低平调	˩ 11	4	时 xi^{4}
第五声	阳上	低升调	˩˧ 13 ˨˦ 24	5	市 xi^{5}

（续上表）

调序	调类	调型	调值	调号	例字
第六声	阳去	次低平调	┤^{22} ┘^{21}	6	事 xi^{6}
第七声	阴入	高平调	┐^{5}	1（7）	识 xig^{1}
第八声	中入	中平调	┤^{3}	3（8）	锡 xig^{3}
第九声	阳入	次低平调	┤^{2} ┘^{21}	6（9）	食 xig^{6}

2．看拼音念数字，请注意声调的高低变化。

零 ling^{4}　一 yed^{1}　二 yi^{6}　三 sam^{1}　四 séi^{3}　五 ng^{5}

六 lug^{6}　七 ced^{1}　八 bad^{3}　九 geo^{2}　十 seb^{6}

十 seb^{6}　九 geo^{2}　八 bad^{3}　七 ced^{1}　六 lug^{6}　五 ng^{5}

四 séi^{3}　三 sam^{1}　二 yi^{6}　一 yed^{1}　零 ling^{4}

3．拼读下列数字，请注意九个声调的音高变化和长短音变化。

（1）六声练习，注意六个声调的音高变化。

三 sam^{1}　九 geo^{2}　四 séi^{3}　零 ling^{4}　五 ng^{5}　二 yi^{6}

二 yi^{6}　五 ng^{5}　零 ling^{4}　四 séi^{3}　九 geo^{2}　三 sam^{1}

（2）长短音发音练习。前面说过，广州话声调 7 和 1、8 和 3、9 和 6 的音高与调值都差不多，但是 7、8、9 三个入声的声调（韵尾有-b、-d、-g）发音比较短促。请比较：

三 sam^{1}　四 séi^{3}　二 yi^{6}　三 sam^{1}　二 yi^{6}

一 yed$^{1(7)}$　八 bad$^{3(8)}$　六 lug$^{6(9)}$　七 ced$^{1(7)}$　十 seb$^{6(9)}$

dei^{6} yed^{1} fo^{3} ngo^{5} sêng^{2} hog^{6} Yud^{6} yu^{5}

第一课 我想学粤语

一、会话入门篇

A：

Cen^{4} lou^{5}xi^{1} néi^{5} hou^{2}

陈 老师，你 好！

Chén lǎoshī nín hǎo

陈 老师，您 好！

B：

Néi^{5} hou^{2}

你 好！

Nǐ hǎo

你 好！

A：

Ngo^{5} sêng^{2} hog^{6} Yud^{6}yu^{5} néi^{5} gao^{3} ngo^{5} Guong^{2}zeo^{1}wa^{2} hou^{2} ma^{3}

我 想 学 粤语，你 教 我 广州话 好 吗？

Wǒ xiǎng xué Yuèyǔ nín jiāo wǒ Guǎngzhōuhuà hǎo ma

我 想 学 粤语，您 教 我 广州话 好 吗？

B：

Hou^{2} a^{3}

好 呀。

Hǎo a

好 啊。

A：

Cen^{4} lou^{5}xi^{1} zoi^{3}gin^{3}

陈 老师，再见！

Chén lǎoshī zàijiàn
陈 老师，再见！

B：

$Zoi^{3}gin^{3}$
再见！

Zàijiàn
再见！

二、会话提高篇

ABC：

Cen^{4} $lou^{5}xi^{1}$ $néi^{5}$ hou^{2}
陈 老师，你 好！

Chén lǎoshī nín hǎo
陈 老师，您 好！

D：

$Tung^{4}hog^{6}mun^{4}$ $néi^{5}déi^{6}$ hou^{2}
同学们，你哋 好！

Tóngxuémen nǐmen hǎo
同学们，你们 好！

A：

Ngo^{5} $sêng^{2}$ hog^{6} $Yud^{6}yu^{5}$
我 想 学 粤语。

Wǒ xiǎng xué Yuèyǔ
我 想 学 粤语。

B：

Ngo^{5} yig^{6} $sêng^{2}$ hog^{6} $Yud^{6}yu^{5}$
我 亦 想 学 粤语。

Wǒ yě xiǎng xué Yuèyǔ
我 也 想 学 粤语。

A：

Ngo5déi6 dou1 sêng2 hog6 Yud6yu5
我哋　都　想　学　粤语。

Wǒmen dōu xiǎng xué Yuèyǔ
我们　都　想　学　粤语。

C：

Ngo5déi6 yiu3 hog6 gong2 Guong2zeo1wa2
我哋　要　学　讲　广州话。

Wǒmen yào xué jiǎng Guǎngzhōuhuà
我们　要　学　讲　广州话。

D：

Néi5déi6 xig1 m4 xig1 Zung1men4/2
你哋　识　唔　识　中文？

Nǐmen huì bù huì Zhōngwén
你们　会　不　会　中文？

A：

Ngo5 xig1 téng1 yed1 di1
我　识　听　一　啲。

Wǒ huì tīng yī diǎnr
我　会　听　一　点儿。

B：

Pou2tung1wa2 ngo5 xig1 gong2 xiu2xiu2
普通话　我　识　讲　少少。

Pǔtōnghuà wǒ huì jiǎng shǎoxǔ
普通话　我　会　讲　少许。

A：

Kêu5 xig1 tei2 m4 xig1 sé2
佢　识　睇　唔　识　写。

Tā huì kàn bù huì xiě
他　会　看　不　会　写。

C：

Cen4 lou5xi1 néi5 gao3 ngo5déi6 Guong2zeo1wa2 tung4 Pou2tung1wa2 hou2 ma3
陈 老师，你 教 我哋 广州话 同 普通话 好 吗？
Chén lǎoshī nín jiāo wǒmen Guǎngzhōuhuà hé Pǔtōnghuà hǎo ma
陈 老师，您 教 我们 广州话 和 普通话 好 吗？

D：

Hou2 a3 néi5déi6 gen1 ngo5 hog6 Guong2zeo1wa2 tung4 pou2tung1wa2
好 呀，你哋 跟 我 学 广州话 同 普通话。
Hǎo a nǐmen gēn wǒ xué Guǎngzhōuhuà hé pǔtōnghuà
好 啊，你们 跟 我 学 广州话 和 普通话。

ABC：

Do1zé6 Cen4 lou5xi1
多谢 陈 老师！
Xièxie Chén lǎoshī
谢谢 陈 老师！

D：

M4sei2 hag3héi3
唔使 客气。
Bùbì kèqi
不必 客气。

A：

Guong2zeo1wa2 hei6 m4 hei6 hou2 nan4 hog6 ga3
广州话 系 唔 系 好 难 学 㗎？
Guǎngzhōuhuà shì bù shì hěn nán xué deya
广州话 是 不 是 很 难 学 的呀？

D：

M4 hei6 hou2 nan4
唔 系 好 难。
Bù shì hěn nán bù tài nán
不 是 很 难 （不 太 难）。

三、阅读课文

我想学粤语，佢亦想学粤语，我哋都想学粤语。中文我识听一啲，你识讲少少，佢识睇唔识写。陈老师教中文同广州话，我哋跟陈老师学中文同广州话，好唔好？

四、生词

1.	第	dei6	（词头）第（a prefix indicating the ordinal number）
2.	一	yed1	（数）一 one
3.	课	fo3	（名）课 lesson
4.	我	ngo5	（代）我 I；me
5.	想	sêng2	（能愿/动）想 to want；to think
6.	学（学习）	hog6（hog6 zab6）	（动）学；学习 to learn；to study
7.	粤语	Yud6 yu5	（名）粤语 Cantonese
8.	课文	fo3 men4	（名）课文 text
9.	生词	seng1 qi4	（名）生词 new word
10.	老师	lou5 xi1	（名）老师 teacher
11.	你	néi5	（代）你；您 you（singular）
12.	好	hou2	（形）好 good（used in polite expressions）
13.	教	gao3	（动）教 to teach
14.	广州话	Guong2 zeo1 wa2	（名）广州话 Guangzhou dialect
15.	吗	ma3	（助）吗（a modal particle indicating interrogation）
16.	好	hou2	（叹）好 OK（to express agreement）
17.	呀	a3	（助）啊；哇；吧（indicate agreement or approval）
18.	再见	zoi3 gin3	（动）再见 goodbye
19.	同学们	tung4 hog6 mun4	（名）同学们 classmates；schoolmates
20.	你哋	néi5 déi6	（代）你们 you（pl.）
21.	亦	yig6	（副）也 also；too
22.	我哋	ngo5 déi6	（代）我们 we；us
23.	都	dou1	（副）都 all
24.	要	yiu3	（动/能愿）要 to want；wish；shall；will

25. 讲	gong^{2}	（动）说 to speak；to talk；to tell
26. 识	xig^{1}	（动/能愿）会 can；to be able；to know how to do
27. 唔	m^{4}	（副）不 not
28. 中文	Zung^{1}men$^{4/2}$	（名）中文 Chinese language
（汉语）	（Hon^{3}yu^{5}）	（汉语）
29. 听	téng^{1}	（动）听 to hear；to listen
30. 啲	di^{1}	（量）点儿 a little；a bit
一啲	yed^{1}di^{1}	一点儿 a little；a bit
31. 普通话	Pou^{2}tung^{1}wa^{2}	（名）普通话 Putonghua；common speech (of the Chinese language)
32. 少少	xiu^{2}xiu^{2}	（形）少许；少量；一点儿 a little；a few
33. 佢	kêu^{5}	（代）他 he，him；她 she，her
34. 睇	tei^{2}	（动）看 to see；to look at；to watch
35. 写	sé^{2}	（动）写 to write
36. 同	tung^{4}	（连）同；和 and
37. 跟	gen^{1}	（介/连）跟 with；and
38. 多	do^{1}	（形）多 many；much
39. 谢	zé^{6}	（动）谢 to thank
多谢	do^{1}zé^{6}	多谢 thanks a lot；many thanks
40. 使	sei^{2}	（动）要；用 to need
41. 唔使	m^{4}sei^{2}	（副）不用；不必 need not
42. 客气	hag^{3}héi^{3}	（形）客气 polite；courteous
43. 系	hei^{6}	（动）是 to be
44. 好	hou^{2}	（副）很 very；quite
45. 难	nan^{4}	（形）难 hard；difficult
46. 㗎（嘅呀）	ga^{3}	（助词）的呀（used at the end of a declarative sentence or interrogative sentence to emphasize an affirmative or interrogative tone）

专有名词

陈	Cen^{4}	（专名）陈 a surname

五、常用句型

广州话	普通话
1. 你好！	你好！（您好！）
2. 再见！	再见！
3. 我想学粤语。	我想学粤语。
4. 你哋识唔识讲广州话？	你们会不会讲广州话？
5. 你教我哋广州话好吗？	你教我们广州话好吗？

六、分类词语扩展

［部分国家、地区与城市名称］

说明：以下首字母按英文字母顺序排列，第二字母按广州话拼音韵母表从上往下、从左至右的顺序排列，同音字母按声调顺序排列，以此类推。

1. Béi3lou5 秘鲁　　Bìlǔ 秘鲁　　Peru
2. Deg1guog3 德国　　Déguó 德国　　Germany
3. Ek1gua1do1yi5 厄瓜多尔　　Èguāduō'ěr 厄瓜多尔　　Ecuador
4. Fad3guog3 法国　　Fǎguó 法国　　France
5. Féi1lêt6ben1 菲律宾　　Fēilǜbīn 菲律宾　　the Philippines
6. Ga1na4dai6 加拿大　　Jiā'nádà 加拿大　　Canada
7. Gan2pou2zai6 柬埔寨　　Jiǎnpǔzhài 柬埔寨　　Cambodia
8. Hon4guog3 韩国　　Hánguó 韩国　　Korea（R. O. K）
9. Lou5wo1 老挝　　Lǎowō 老挝　　Laos
10. Ngo4lo4xi1 俄罗斯　　Éluósī 俄罗斯　　Russia
11. Ma5dat6ga1si1ga1 马达加斯加　　Mǎdájiāsījiā 马达加斯加　　Madagascar
12. Ma5loi4sei1nga3 马来西亚　　Mǎláixīyà 马来西亚　　Malaysia
13. Méi5guog3 美国　　Měiguó 美国　　USA

14. Min^{5}din^{6} 缅甸	Miǎndiàn 缅甸	Burma
15. Mou^{4}léi^{5}keo^{4}si^{1} 毛里求斯	Máolǐqiúsī 毛里求斯	Mauritius
16. Mung^{4}gu^{2} 蒙古	Měnggǔ 蒙古	Mongolia
17. Ou^{3}dai^{6}léi^{6}nga^{3} 澳大利亚	Àodàlìyà 澳大利亚	Australia
18. Qiu^{4}sin^{1} 朝鲜	Cháoxiǎn 朝鲜	Korea（D. P. R. K）
19. Sen^{1}ga^{3}bo^{1} 新加坡	Xīnjiāpō 新加坡	Singapore
20. Sêu^{6}din^{2} 瑞典	Ruìdiǎn 瑞典	Sweden
21. Sêu^{6}xi^{6} 瑞士	Ruìshì 瑞士	Switzerland
22. Tai^{3}guog^{3} 泰国	Tàiguó 泰国	Thailand
23. Wu^{1}hak^{1}lan^{4} 乌克兰	Wūkèlán 乌克兰	Ukraine
24. Yi^{3}dai^{6}léi^{6} 意大利	Yìdàlì 意大利	Italy
25. Yed^{6}bun^{2} 日本	Rìběn 日本	Japan
26. Ying^{1}guog^{3} 英国	Yīngguó 英国	UK
27. Yen^{3}dou^{6}nei^{4}sei^{1}nga^{3} 印度尼西亚（印尼）	Yìndù'níxīyà 印度尼西亚（印尼）	Indonesia
28. Yut^{6}nam^{4} 越南	Yuènán 越南	Viet Nam
29. Zung^{1}guog^{3} 中国	Zhōngguó 中国	China

1. Beg^{1}ging^{1} 北京	Běijīng 北京	Beijing
2. Guong^{2}zeo^{1} 广州	Guǎngzhōu 广州	Guangzhou
3. Hêng^{1}gong^{2} 香港	Xiānggǎng 香港	Hong Kong
4. Ju^{1}hoi^{2} 珠海	Zhūhǎi 珠海	Zhuhai
5. Ngou^{3}mun^{2} 澳门	Àomén 澳门	Macao
6. Sêng^{6}hoi^{2} 上海	Shànghǎi 上海	Shanghai
7. Sem^{1}zen^{3} 深圳	Shēnzhèn 深圳	Shenzhen
8. Toi^{4}wan^{1} 台湾	Táiwān 台湾	Taiwan

七、练习

（一）请用广州话朗读下列句子

1. 你好！
2. 我学粤语。
3. 我学讲广州话。
4. 我想学讲广州话。
5. 我哋都想学粤语。
6. 陈老师教广州话，我哋跟陈老师学广州话。

（二）请说说下面的广州话句子在普通话中是什么意思

1. 广州话我识听唔识讲。
2. 我识一啲，你识少少。
3. 佢唔识听唔识讲。
4. 你想学粤语，我亦想学粤语。
5. 好好。

（三）请用广州话回答下列问题

1. 你想学乜嘢？
2. 你识唔识讲广州话？
3. 你学唔学广州话？
4. 你哋识唔识讲中文？
5. 广州话系唔系好难学㗎？

dei6 yi6 fo3 men6 heo6 yu5 gai3 xiu3

第 二 课 问 候 与 介 绍

一、会话入门篇

A：

Wong4 yi1 zou2sen4

王 姨， 早晨！

Wáng āyí zǎoshanghǎo

王 阿姨， 早上好！

B：

A3 Hêng1 zou2sen4 Xig6 zo2 zou2can1 méi6 a3

阿 香 ， 早晨！ 食 咗 早餐 未 呀？

Ā Xiāng zǎoshanghǎo chī le zǎocān méiyǒu ya

阿 香 ， 早上好 ！ 吃 了 早餐 没有 呀？

A：

Méi6 xig6 Wong4 yi1 tung4 Zêng1 sug1 sen1tei2 géi2hou2 ma3

未 食。 王 姨 同 张 叔 身体 几好 吗？

Wèi háiméi chī Wáng āyí hé Zhāng shūshu shēntǐ háihǎo ma

未（还没）吃。 王 阿姨 和 张 叔叔 身体 还好 吗？

B：

Dou1 géi2hou2 Néi5 a3ba4 a3ma1 yig6 dou1 hou2 ma3

都 几好。 你 阿爸 阿妈 亦 都 好 吗？

Dōu háihǎo Nǐ bàba māma yě dōu hǎo ma

都 还好。 你 爸爸 妈妈 也 都 好 吗？

A：

Yig6 dou1 hou2 hou2
亦 都 好 好。

Yě dōu hěn hǎo
也 都 很 好。

B：

Néi1 wei2 hei6 bin1go3 a3
呢 位 系 边个 呀？

Zhè wèi shì shuí ya
这 位 是 谁 呀？

A：

Néi1 wei2 hei6 Ma5lei6 hei6 ngo5 gé3 hou2 peng4yeo5
呢 位 系 玛丽，系 我 嘅 好 朋友。

Zhè wèi shì Mǎlì shì wǒ de hǎo péngyou
这 位 是 玛丽，是 我 的 好 朋友。

Kêu5 hei6 ngoi6guog3 leo4hog6seng1 hei6 ying1guog3 yen4
佢 系 外国 留学生 ，系 英国 人 。

Tā shì wàiguó liúxuéshēng shì yīngguó rén
她 是 外国 留学生 ，是 英国 人。

二、会话提高篇

A：

Wa4 go1 zou2sen4
华 哥， 早晨！

Huá gē zǎoshanghǎo
华 哥， 早上好！

C：

Zou2sen4 a3 Hêng1 Sen4zou2 héi2sen1 dün6lin6 sen1tei2 a3
早晨 ，阿 香！ 晨早 起身 锻炼 身体 呀？

Zǎoshanghǎo ā Xiāng Zǎochen qǐlái duànliàn shēntǐ ya
早上好 ，阿 香！ 早晨 起来 锻炼 身体 呀？

A：

Hei6 a3
系 呀。
Shì a
是 啊。

Wa4 go1 ngo5 gai3xiu6 yed1wei2 Ying1guog3 leo4hog6seng1 béi2 néi5 xig1 la1
华 哥，我 介绍 一位 英国 留学生 畀 你 识 啦。
Huá gē wǒ jièshào yīwèi Yīngguó liúxuéshēng gěi nǐ rènshi ba
华 哥，我 介绍 一位 英国 留学生 给 你 认识 吧。

C：

Hou2 a3
好 呀。
Hǎo a
好 啊。

A：

Néi1 wei2 hei6 Ma5lei6 hei6 ngo5 gé3 hou2 peng4yeo5
呢 位 系 玛丽，系 我 嘅 好 朋友。
Zhè wèi shì Mǎlì shì wǒ de hǎo péngyou
这 位 是 玛丽，是 我 的 好 朋友。

C：

Néi5 hou2 Néi5 hei2 bin1 gan1 dai6hog6 dug6xu1 a3
你 好！你 喺 边 间 大学 读书 呀？
Nǐ hǎo Nǐ zài nǎ suǒ dàxué dúshū ya
你 好！你 在 哪 所 大学 读书 呀？

D：

Ngo5 hei2 Kéi3nam4 Dai6hog6 dug6xu1 ngo5 hei6 Wa4men4 Hog6yun2 gé3
我 喺 暨南大学 读书，我 系 华文学院 嘅
Wǒ zài Jì'nán Dàxué dúshū wǒ shì Huáwén Xuéyuàn de
我 在 暨南大学 读书，我 是 华文学院 的

leo^{4}hog^{6}seng^1
留学生。
liúxuéshēng
留学生。

C：

Ngo^5 peng^{4}yeo^5 yig^6 dou^1 hei^2 Wa^{4}men^4 Hog^{6}yun^2 dug^{6}xu^1
我 朋友 亦 都 喺 华文 学院 读书。
Wǒ péngyou yě dōu zài Huáwén Xuéyuàn dúshū
我 朋友 也 都 在 华文 学院 读书。

Néi^5 hei^6 bin^1 go^3 ban^1 ga^3
你 系 边 个 班 嘅？
Nǐ shì nǎ gè bān de ya
你 是 哪 个 班 的呀？

D：

Ngo^5 hei^6 Han^{3}yu^{5}hei^6 bun^{2}fo^1 yi^6 nin^4 （nin^{4}keb^1） yed^1 ban^1 ge^3
我 系 汉语系 本科 二 年 （年级） 1 班 嘅。
Wǒ shì Hànyǔxì běnkē èr nián niánjí yī bān de
我 是 汉语系 本科 二 年 （年级） 1 班 的。

C：

Hei^2 Guong^{2}zeo^1 seng^{1}wud^6 deg^1 guan^3 m^4 guan^3 ya^3
喺 广州 生活 得 惯 唔 惯 呀？
Zài Guǎngzhōu shēnghuó de xíguàn bù xíguàn ya
在 广州 生活 得 习惯 不 习惯 呀？

D：

Zung^6 méi^6 zab^{6}guan^3
仲 未 习惯。
Hái wèi xíguàn
还 未 习惯。

三、阅读课文

阿香介绍咗一位外国留学生畀王姨同华哥，佢叫玛丽，系英国人，系阿香嘅好朋友。玛丽系暨南大学华文学院汉语系嘅留学生，佢喺本科二年1班，佢仲未习惯广州嘅生活。

四、生词

1. 二	yi^{6}	（数）二 two
2. 问候	$\text{men}^{6}\text{heo}^{6}$	（动）问候 greeting
3. 与	yu^{5}	（连）与（和）and；together with
4. 介绍	$\text{gɑi}^{3}\text{xiu}^{6}$	（动）介绍 to introduce
5. 姨（阿姨）	yi^{1}（$\text{ɑ}^{3}\text{yi}^{1}$）	（名）姨；阿姨 auntie
6. 早晨	$\text{zou}^{2}\text{sen}^{4}$	早上好；早安 good morning
7. 阿	ɑ^{3}	（前缀）阿 Ah（used before a pet name, monosyllabic surname, to make it sound more endearing; used before kinship terms）
8. 食	xig^{6}	（动）吃 to eat
9. 咗	zo^{2}	（助）了（used after a verb or adjective to indicate the completion of an action or a change）
10. 早餐	$\text{zou}^{2}\text{cɑn}^{1}$	（名）早餐 breakfast
食早餐	$\text{xig}^{6}\text{zou}^{2}\text{cɑn}^{1}$	吃早餐 to have breakfast
11. 未	méi^{6}	（副）未；没；不 have not；did not；not
12. 呀	ɑ^{3}	（助）啊（呀）（indicate doubt）
13. 叔（阿叔）	sug^{1}（$\text{ɑ}^{3}\text{sug}^{1}$）	（名）叔（叔叔）uncle
14. 身体	$\text{sen}^{1}\text{tei}^{2}$	（名）身体 body；health
15. 几	géi^{2}	（副）还（还算）；相当 fairly；rather
16. 好	hou^{2}	（形）好 be in good health；good；fine；nice
几好	$\text{géi}^{2}\ \text{hou}^{2}$	还好；还不错 fair to middling（in fairly good but not very good health）；not bad
17. 阿爸	$\text{ɑ}^{3}\text{bɑ}^{4}$	（名）爸爸 father；dad
18. 阿妈	$\text{ɑ}^{3}\text{ma}^{1}$	（名）妈妈 mother；mum
19. 呢	néi^{1}	（代）这 this

20. 位　wei^{2}　（量）位（a measure word for person）

21. 边个　bin^{1}go^{3}　（代）谁；哪个 who；whom；which

22. 我嘅　ngo^{5}gé^{3}　（代/形）我的 mine；my

23. 嘅　gé^{3}　（助）的（a structural particle）

24. 朋友　peng^{4}yeo^{5}　（名）朋友 friend

25. 外国　ngoi^{6}guog^{3}　（名）外国 foreign country

26. 留学生　leo^{4}hog^{6}seng^{1}　（名）留学生 student studying abroad

27. 学生　hog^{6}seng^{1}　（名）学生 student

28. 人　yen^{4}　（名）人 people

29. 哥（哥哥）　go^{1}（go^{4}go^{1}）　（名）哥（哥哥）elder brother

30. 晨早　sen^{4}zou^{2}　（名）早晨（early）morning

31. 起身　héi^{2}sen^{1}　（动）起来；起床 to get up；to get out of bed

32. 锻炼　dün^{6}lin^{6}　（动）锻炼 to take physical exercise

33. 系呀　hei^{6}a^{3}　（叹）是啊 yes；right

34. 畀　béi^{2}　（动/介）给 to give；for；to

35. 识　xig^{1}　（动）认识 to recognize；to know

36. 喺　hei^{2}　（介/动）在 in；at；to be；to exist

37. 边　bin^{1}　（代）哪 which；where

38. 间　gan^{1}　（量）间；所（a measure word for room, houses, schools, hospitals, etc.）

39. 大学　dai^{6}hog^{6}　（名）大学 university

40. 读书　dug^{6}xu^{1}　（动）读书 to study；to attend a school or university

41. 班　ban^{1}　（名）班 class

42. 汉语　hon^{3}yu^{5}　（名）汉语 Chinese（language）

43. 系　hei^{6}　（名）系 department（in a college）

44. 本科　bun^{2}fo^{1}　（名）本科 undergraduate course

45. 年（年级）　nin^{4}（nin^{4}keb^{1}）　（名）年（年级）year；grade

46. 生活　seng^{1}wud^{6}　（动/名）生活 to live；life

47. 得　deg^{1}　（助）得（a structural particle）

48. 惯　guan^{3}　（动）习惯 to be used to；habits

49. 仲　zung^{6}　（副）还 still；yet
50. 习惯　zab^{6}guan^{3}　（动）习惯 to be used to；habits

专有名词

1. 王　Wong^{4}　（专名）王 a surname
2. 香　Hêng^{1}　（专名）香 name；given name
3. 张　Zêng^{1}　（专名）张 a surname
4. 玛丽　Ma^{5}lei^{6}　（专名）name of a person
5. 英国　Ying^{1}guog^{3}　（专名）UK
6. 华　Wa^{4}　（专名）华 name；given name
7. 暨南大学　Kéi^{3}nam^{4} Dai^{6}hog^{6}　（专名）Jinan University
8. 华文学院　Wa^{4}men^{4} Hog^{6}yun^{2}　（专名）College of Chinese Language and Culture

五、常用句型

广州话	普通话
1. 早晨！	早上好！
2. 你食咗饭未呀？	你吃了饭没有啊？
3. 王姨同张叔身体几好吗？	王姨和张叔叔身体还好吗？
4. 我介绍一位朋友畀你识。	我介绍一位朋友给你认识。
5. 佢系我嘅好朋友。	他是我的好朋友。

六、分类词语扩展

［问候语与祝福语］

1. 你好！　Néi^{5}hou^{2}　How do you do！ How are you！Hello！
2. 早晨！　Zou^{2}sen^{4}　Good morning！

3. 新年好！　Sen^{1}nin^{4}hou^{2}　Happy New Year!
4. 圣诞节快乐！　Xing^{3}dan^{3}jid^{3}fai^{3}log^{6}　Merry Christmas!
5. 生日快乐！　Sang^{1}yed^{6}fai^{3}log^{6}　Happy birthday!
6. 祝你身体健康！　Zug^{1}néi^{5}sen^{1}tei^{2}gin^{3}hong^{1}　Wish you good health!
7. 祝你工作愉快！　Zug^{1}néi^{5}gung^{1}zog^{3}yu^{4}fai^{3}　Enjoy your work!
8. 祝你成功！　Zug^{1}néi^{5}xing^{4}gung^{1}　Wish you success!
9. 一路平安！　Yed^{1}lou^{6}ping^{4}on^{1}　Have a good trip!

七、练习

（一）请用广州话回答下列问题

1. 呢位系边个呀？
2. 你喺边间大学读书呀？
3. 你系边个班㗎？
4. 你喺广州生活得惯唔惯呀？
5. 你阿爸阿妈身体几好吗？

（二）请把下列句子翻译成广州话

1. 早上好！
2. 我早晨起来锻炼身体。
3. 王阿姨和张叔叔身体很好。
4. 这位是玛丽，是我的好朋友。
5. 她是外国留学生。

（三）请用广州话进行问候与介绍

1. 问候叔叔阿姨
2. 问候你的朋友
3. 早上问候你的爸爸妈妈
4. 自我介绍
5. 介绍你的同学或朋友
6. 介绍你的家人
7. 介绍你的学校或公司

dei6 sam1 fo3 xing3 ming4 yu5 nin4 ling4

第三课 姓名与年龄

一、会话入门篇

A：

Xiu2 peng4yeo5 néi5 giu3 med1yé5 méng2

小 朋友，你 叫 乜嘢 名？

Xiǎo péngyou nǐ jiào shénme míngzi

小 朋友，你 叫 什么 名字？

B：

Ngo5 giu3 Wong4 Xiu2ling4

我 叫 黄 小玲。

Wǒ jiào Huáng Xiǎolíng

我 叫 黄 小玲。

A：

Néi5 géi2 géi2do1 sêu3 la3

你 几（几多）岁 喇？

Nǐ jǐ duōshao suì le

你 几（多少）岁 了？

B：

Ced1 sêu3

七 岁。

Qī suì

七 岁。

C：

Xiu2zé2 dim2 qing1fu1 néi5 a3

小姐，点 称呼 你 呀？

Xiǎojiě zěnme chēnghu nǐ ya

小姐，怎么 称呼 你 呀？

A：

Ngo5 giu3 Yêng4 Lei6ying1 Céng2men6 xin1sang1 guei3 xing3 a3

我 叫 杨 丽英。 请问 先生 贵 姓 呀？

Wǒ jiào Yáng Lìyīng Qǐngwèn xiānsheng guì xìng ya

我 叫 杨 丽英。 请问 先生 贵 姓 呀？

C：

Xing3 Wong4

姓 黄 。

Xìng Huáng

姓 黄 。

A：

Wong4 sang1 gem1nin2 géi2 dai6 la3

黄 生 今年 几 大 喇？

Huáng xiānsheng jīnnián duō dà le

黄 先生 今年 多 大 了？

C：

Ng5 seb6 géi2

五 十 几。

Wǔ shí jǐ

五 十 几。

二、会话提高篇

C：

Néi1go3 hei6 ngo5 gé3 xun1nêu2 hei6 ngo5 dai6 zei2 gé3 nêu2

呢个 系 我 嘅 孙女，系 我 大 仔 嘅 女。

Zhège shì wǒ de sūnnǚ shì wǒ dà érzi de nǚ'ér

这个 是 我 的 孙女， 是 我 大 儿子 的 女儿。

Ngo5 gé3 dai6 zei2 yi5ging1 sam1seb6yi6 (sa1a yi6) sêu3

我 嘅 大 仔 已经 三十二（卅二） 岁。

Wǒ de dà érzi yǐjīng sānshí'èr suì

我 的 大 儿子 已经 三十二 岁。

Go2go3 hei6 ngo5 gé3 sei3 zei2 gem1nin2 yi6seb6sam1 (ya6sam1) sêu3
叶个 系 我 嘅 细 仔，今年 二十三（廿三）岁。

Nàge shì wǒ de xiǎo érzi jīnnián èrshísān suì
那个 是 我 的 小 儿子，今年 二十三 岁。

A：

Kêu5 lei4 dai6hog6 dug6xu1 a3
佢 嚟 大学 读书 呀？

Tā lái dàxué dúshū a
他 来 大学 读书 啊？

C：

Hei6 a3 Yêng4 xiu2zé2 hei2 bin1dou6 zou6yé5 a3
系 呀。杨 小姐 喺 边度 做嘢 呀？

Shì a Yáng xiǎojiě zài nǎr zuòshì ya
是 啊。杨 小姐 在 哪儿 做事 呀？

A：

Ngo5 zung6 méi6 zou6yé5 ngo5 gem1nin2 xin1 seb6lug6 sêu3
我 仲 未 做嘢，我 今年 先 十六 岁。

Wǒ hái méi gōngzuò wǒ jīnnián cái shíliù suì
我 还 没 工作，我 今年 才 十六 岁。

B：

Yé4yé2 fai3 di1 zeo2 la1
爷爷，快 啲 走 啦。

Yéye kuài diǎnr zǒu ba
爷爷，快 点儿 走 吧。

C：

Yêng4 xiu2zé2 zoi3gin3
杨 小姐 再见！

Yáng xiǎojiě zàijiàn
杨 小姐 再见！

A：

Man^{6}man^{2}　hang^{4}
慢慢　行。

Màn　zǒu
慢　走。

三、阅读课文

黄生今年五十几岁，佢嘅大仔已经卅二岁，细仔今年廿三岁，孙女七岁。佢嘅细仔喺大学读书。杨小姐今年先十六岁，仲未做嘢。

四、生词

1.	三	sam^{1}	（数）三 three
2.	姓名	xing^{3}ming^{4}	（名）姓名 surname and first name；full name
3.	年龄	nin^{4}ling^{4}	（名）年龄 age
4.	小	xiu^{2}	（形）小 little；small；young
5.	叫	giu^{3}	（动）叫 to call
6.	乜嘢	med^{1}yé^{5}	（代）什么 what
7.	名	méng^{2}	（名）名字 name
8.	几多	géi^{2}do^{1}	（代）多少 how many；how much
9.	几	géi^{2}	（代）几 how many
10.	岁	sêu^{3}	（量）岁 years of age
11.	喇	la^{3}	（助）了；了啊（express interrogation）
12.	七	ced^{1}	（数）七 seven
13.	小姐	xiu^{2}zé^{2}	（名）小姐 Miss；young lady
14.	点	dim^{2}	（代）怎么；怎么样 how
15.	称呼	qing^{1}fu^{1}	（名）称呼 call
16.	请问	céng^{2}men^{6}	请问 excuse me；please
17.	先生	xin^{1}sang^{1}	（名）先生 Mr.；sir
18.	贵	guei^{3}	（敬辞 pol.）贵 your

19.	姓	xing^{3}	（动/名）姓 surname；family name
20.	今年	gem^{1}nin^{2}	（名）今年 this year
21.	几	géi^{2}	（副）多 how（used in questions indicating degree or extent）
22.	大	dɑi^{6}	（形）大 age
	几大	géi^{2}dɑi^{6}	多大 how old
23.	五十	m^{5}seb^{6}	（数）五十 fifty
24.	五	m^{5}（ng^{5}）	（数）五 five
25.	十	seb^{6}	（数）十 ten
26.	几	géi^{2}	（数）几 several
27.	个	go^{3}	（量）个（a measure word，used before nouns without special measure words of their own）
28.	孙女	xun^{1}nêu^{2}	（名）孙女 granddaughter
29.	大	dɑi^{6}	（形）大 eldest；large；big
30.	仔	zei^{2}	（名）儿子；（男）孩子；（男）子 son；boy；man
31.	女	nêu^{2}	（名）女儿 daughter
32.	已经	yi^{5}ging^{1}	（副）已经 already
33.	卅	sɑ^{1}	（数）三十 thirty
34.	吖	go^{2}	（代）那 that
35.	细	sei^{3}	（形）小 young
36.	廿	yɑ^{6}	（数）二十 twenty
37.	嚟	lei^{4}	（动）来 to come；to arrive
38.	边度	bin^{1}dou^{6}	（代）哪儿；哪个地方 where
39.	做嘢	zou^{6}yé^{5}	（动/名）做事；工作 to work
40.	嘢	yé^{5}	（名）事 job；work
41.	先	xin^{1}	（副）才 only（used before a phrase to indicate that the number is small）
42.	十六	seb^{6}lug^{6}	（数）十六 sixteen
43.	六	lug^{6}	（数）六 six
44.	爷爷	yé^{4}yé^{2}	（名）爷爷 grandfather；grandpa
45.	快	fɑi^{3}	（形）快 fast；quick；rapid

46. 走　zeo²　（动）走 to walk；to go；to leave；to go away
47. 啦　la¹　（助）吧；啦（indicate suggestion，request or command）
48. 慢　man⁶　（副/形）慢 slowly；slow
49. 行　hang⁴　（动）走 to walk；to go；to leave；to go away

专有名词

1. 黄小玲　Wong⁴ Xiu²ling⁴　（专名）a Chinese name
2. 杨　Yêng⁴　（专名）杨 a surname
3. 杨丽英　Yêng⁴ Lei⁶ying¹　（专名）a Chinese name
4. 黄　Wong⁴　（专名）黄 a surname

五、常用句型

广州话	普通话
1. 请问先生贵姓呀？	请问先生贵姓呀？
2. 你叫乜嘢名？	你叫什么名字？
3. 点称呼你呀？	怎么称呼你呀？
4. 你今年几大喇？	你今年多大了？
5. 你几多岁？	你多少岁？

六、分类词语扩展

[数量词]

1. 〇（零）　ling⁴　（数）〇（零）zero
2. 一　yed¹　（数）一 one
3. 二　yi⁶　（数）二 two
4. 三　sam¹　（数）三 three

5.	四	séi3	（数）四 four
6.	五	ng5	（数）五 five
7.	六	lug6	（数）六 six
8.	七	ced1	（数）七 seven
9.	八	bad3	（数）八 eight
10.	九	geo2	（数）九 nine
11.	十	seb6	（数）十 ten
12.	百	bag3	（数）百 hundred
13.	千	qin1	（数）千 thousand
14.	万	man6	（数）万 ten thousand
15.	亿	yig1	（数）亿 a hundred million
16.	两	lêng5	（数）两 two
17.	文	men1	（量）块 <口语>；元 <书面语> yuan（the basic unit of Chinese money）
18.	毫	hou4	（量）毛 <口语>；角 <书面语> jiao（one-tenth of a yuan）
19.	分	fen1	（量）分 fen（1/100 of a yuan）
20.	斤	gen1	（量）斤 jin（Chinese unit of weight，1/2 kilogram）
21.	个	go3	（量）个（a measure word，used before nouns without special measure words of their own）
22.	件	gin6	（量）件（a measure word for those things which can be counted）
23.	条	tiu4	（量）条（a measure word for long and thin things）
24.	对	dêu3	（量）双 pair（a measure word for socks，shoes，etc.）
25.	张	zêng1	（量）张（a measure word for photo，table，paper，etc.）
26.	杯	bui1	（量/名）杯；杯子 cup
27.	碗	wun2	（量/名）碗 bowl
28.	碟	dib6	（量/名）碟 small plate；small dish
29.	笼	lung4	（量/名）笼；蒸笼 steamer（food steamer）
30.	支	ji1	（量）支（a measure word for long，thin，inflexible objects）
31.	间	gan1	（量）间；所（a measure word for room，houses，schools，hospitals，etc.）

七、练习

（一）语句辨析，请说说下面三种问姓名的语句在用法上有什么不同

1. 贵姓呀？
2. 点称呼你呀？
3. 你叫乜嘢名？

（二）写出下列句子的广州话拼音

1．我哋都想学粤语。

2．佢识听唔识讲。

（三）看拼音写出广州话句子

1．Xin^{1}sɑng^{1}，guei^{3}　xing^{3}　ɑ^{3}？

2．Néi^{5}　giu^{3}　med^{1}yé^{5}　méng^{2}？

3．Ngo^{5}　hei^{6}　Ying^{1}guog^{3}　yen^{4}。

4．Ngo^{5}　lei^{4}　Guong^{2}zeo^{1}　hog^{6}　Zung^{1}men$^{4/2}$。

5．Ngo^{5}　sêng^{2}　hog^{6}　Guong^{2}zeo^{1}wɑ^{2}。

（四）广州话口语练习，对不同的人怎么问姓名与年龄

1. 问老人
2. 问小孩子
3. 问先生
4. 问小姐
5. 问同学

dei^{6} séi^{3} fo^{3} ga^{1} ting^{4} yu^{5} déi^{6} ji^{2}

第四课 家庭与地址

一、会话入门篇

A：

Ngoi^{3}deg^{1}wa^{4} néi^{5} ngug^{1}kéi^{2} yeo^{5} géi^{2} go^{3} yen^{4}

爱德华，你 屋企 有 几 个 人？

Àidéhuá nǐ jiā yǒu jǐ kǒu rén

爱德华，你 家 有 几 口 人？

B：

Bad^{3} go^{3} a^{3}ba^{4} a^{3}ma^{1} lêng^{5} go^{3} ga^{1}zé^{1} yed^{1} go^{3} dai^{6}lou^{2}

八 个，阿爸 阿妈、两 个 家姐、一 个 大佬，

Bā kǒu bàba māma liǎng ge jiějie yī ge gēge

八 口，爸爸 妈妈、两 个 姐姐、一 个 哥哥，

zung^{6} yeo^{5} sei^{3}lou^{2} sei^{3}mui^{2}

仲 有 细佬、细妹。

hái yǒu dìdi mèimei

还 有 弟弟、妹妹。

A：

Néi^{5} yeo^{5} mou^{5} qen^{1}qig^{1} hei^{2} Zung^{1}guog^{3}

你 有 冇 亲戚 喺 中国？

Nǐ yǒu méiyǒu qīnqi zài Zhōngguó

你 有 没有 亲戚 在 中国？

B：

Yeo5　A3yé4　tung4　a3ma4　hei2　Hêng1gong2
有。阿爷　同　阿嫲　嗫　香港。

Yǒu　Yéye　hé　nǎinai　zài　Xiānggǎng
有。爷爷　和　奶奶　在　香港。

A：

Néi5　ju6　hei2　bin1dou6
你　住　嗫　边度？

Nǐ　zhù　zài　nǎr
你　住　在　哪儿？

B：

Ngo5　ju6　hei2　leo4hog6seng1　sug1sé3　zo3　yi6　leo2
我　住　嗫　留学生　宿舍，B 座　二　楼。

Wǒ　zhù　zài　liúxuéshēng　sùshè　zuò　èr　lóu
我　住　在　留学生　宿舍，B 座　二　楼。

A：

Bin1　gan1　fong2
边　间　房？

Nǎ　jiān　fáng
哪　间　房？

B：

Yi6　ling4　sam1　hou6　fong2
二　零　三　号　房。

Èr　líng　sān　hào　fáng
二　零　三　号　房。

B：

Néi5　gé3　sug1sé3　din6wa2　hei6　géi2do1
你　嘅　宿舍　电话　系　几多？

Nǐ　de　sùshè　diànhuà　shì　duōshao
你　的　宿舍　电话　是　多少？

A：

Bad3ced1yi6ling4ng5geo2ling4geo2

87205909

Bāqīèrlíngwǔjiǔlíngjiǔ

87205909 。

二、会话提高篇

C：

Néi5 giu3 on1na4 hei6 m4 hei6 a3

你 叫 安娜，系 唔 系 呀？

Nǐ jiào Ānnà shì bù shì a

你 叫 安娜，是 不 是 啊？

D：

Hei6 a3

系 呀。

Shì a

是 啊。

C：

Ngo5déi6 gung1xi1 sêu1yiu3 yed1 go3 Sei1ban1nga4wen2 fan1yig6

我哋 公司 需要 一 个 西班牙文 翻译。

Wǒmen gōngsī xūyào yī ge Xībānyáwén fānyì

我们 公司 需要 一 个 西班牙文 翻译。

D：

Ngo5 ji1

我 知。

Wǒ zhīdào

我 知道。

C：

Néi5 xig1 m4 xig1 Guong2zeo1wa2

你 识 唔 识 广州话？

Nǐ huì bù huì Guǎngzhōuhuà

你 会 不 会 广州话？

D：

Ngo5 xig1 téng1 xig1 gong2

我 识 听 识 讲。

Wǒ huì tīng huì jiǎng

我 会 听 会 讲。

C：

Hou2gé3 Néi5 ngug1kéi2 zung6 yeo5 med1yé5 yen4 hei2 Guong2zeo1

好嘅。你 屋企 仲 有 乜嘢 人 喺 广州？

Hǎode Nǐ jiā hái yǒu shénme rén zài Guǎngzhōu

好的。你 家 还 有 什么 人 在 广州？

D：

Ngo5 lou5gung1 tung4 lêng5 go3 zei2 yed1 go3 nêu2

我 老公 同 两 个 仔、一 个 女。

Wǒ zhàngfu hé liǎng ge érzi yī ge nǚ'ér

我 丈夫 和 两 个 儿子、一 个 女儿。

C：

Néi5 ngug1kéi2 hei2 bin1dou6

你 屋企 喺 边度？

Nǐ jiā zài nǎr

你 家 在 哪儿？

D：

Ngo5 ju6 hei2 Fa1yun4 Jeo2dim3 Fa1yun4 Jeo2dim3 gé3 déi6ji2 hei6

我 住 喺 花园 酒店， 花园 酒店 嘅 地址 系

Wǒ zhù zài Huāyuán Jiǔdiàn Huāyuán Jiǔdiàn de dìzhǐ shì

我 住 在 花园 酒店， 花园 酒店 的 地址 是

Wan4xi5dung1lou6 sam1bag3lug6seb6bad3 hou6

环市东路 368 号。

Huánshìdōnglù sānbǎiliùshíbā hào

环市东路 368 号。

C：

Dim2 tung4 néi5 lün4hei6 a3
点 同 你 联系 呀？
Zěnme hé nǐ liánxì ya
怎么 和 你 联系 呀？

D：

Ngo5gé3 seo2géi1 hou6ma5 hei6
我嘅 手机 号码 系
Wǒde shǒujī hàomǎ shì
我的 手机 号码 是

Yed1sam1lug6bad3yi6ng5séi3ced1geo2bad3lug5
13682547986
Yīsānliùbāèrwǔsìqījiǔbāliù
13682547986

三、阅读课文

爱德华屋企有八个人，佢屋企人好多，佢有家姐同大佬，仲有细佬、细妹。佢阿爷同阿嫲喺香港。佢住喺留学生宿舍二楼 203 号房。佢嘅宿舍电话系 87205909。

安娜屋企喺广州，佢有两个仔同一个女。佢住喺花园酒店。花园酒店嘅地址系环市东路 368 号。佢嘅联系电话系 13682547986。

四、生词

1. 家庭 ga1ting4 （名）家庭 family；household
2. 地址 déi6ji2 （名）地址 address
3. 屋企 ngug1kéi2 （名）家 family；home
4. 有 yeo5 （动）有 to have；there is（are）
5. 八 bad3 （数）八 eight
6. 两 lêng5 （数）两 two
7. 家姐 ga1zé1 （名）姐姐 elder sister

8. 大佬　dai^{6}lou^2　（名）哥哥 elder brother

9. 细佬　sei^{3}lou^2　（名）弟弟 younger brother

10. 佬　lou^2　（名）佬 man；guy；fellow

11. 细妹　sei^{3}mui^2　（名）妹妹 younger sister

12. 冇　mou^5　（副）没 no；have not；be without

13. 亲戚　qen^{1}qig^1　（名）亲戚 relative

14. 阿爷　a^{3}yé^4　（名）爷爷 grandfather

15. 阿嫲　a^{3}ma^4　（名）奶奶 grandmother

16. 住　ju^6　（动）住 to live

17. 宿舍　sug^{1}sé^3　（名）宿舍 dormitory；hostel

18. 座　zo^6　（量）座；栋（a measure word for building, mountain, etc.）

19. 楼　leo^2　（名）楼 storey, floor

20. 房（房间）　fong^2（fong^{4}gan^1）　（名）房（房间）room

21. ○（零）　ling^4　（数）○（零）zero

22. 号　hou^6　（名）号 number；date

23. 电话　din^{6}wa^2　（名）电话 telephone；phone call

24. 九　geo^2　（数）九 nine

25. 公司　gung^{1}xi^1　（名）公司 company；firm；corporation

26. 需要　sêu^{1}yiu^3　（动）需要 to need；to want

27. 西班牙文　Sei^{1}ban^{1}nga^{4}men^2　（名）西班牙文 Spanish language

28. 翻译　fan^{1}yig^6　（名/动）翻译 translator；to translate

29. 知　ji^1　（动）知道 to know；realize

30. 老公　lou^{5}gung^1　（名）丈夫 husband

31. 联系　lün^{4}hei^6　（动）联系 to contact；to get in touch with

32. 手机　seo^{2}géi^1　（名）手机 mobile phone

33. 四　séi^3　（数）四 four

34. 号码　hou^{6}ma^5　（名）号码 number

专有名词

1. 爱德华　Ngoi^{3}deg^{1}wa^4　（专名）name of a person

2. 中国　Zung^{1}guog^{3}　（专名）China
3. 香港　Hêng^{1}gong^{2}　（专名）Hong Kong
4. 安娜　On^{1}nɑ^{4}　（专名）name of a person
5. 花园酒店　Fɑ^{1}yun^{4} Zeo^{2}dim^{3}　（专名）the Garden Hotel
6. 环市东路　Wɑn^{4}xi^{5}dung^{1}lou^{6}　（专名）Huanshidong Road

五、常用句型

广州话	普通话
1. 你屋企有几个人？	你家有几口人？
2. 你有冇亲戚喺中国？	你有没有亲戚在中国？
3. 你屋企喺边度？	你家在哪儿？
4. 你住喺边间房？	你住（在）哪间房？
5. 你嘅手机号码系几多？	你的手机号码是多少？

六、分类词语扩展

［亲朋好友称谓词］

1. 爷爷 yé^{4}yé^{2}　阿爷 ɑ^{3}yé^{4}　（名）爷爷 grandfather
2. 嫲嫲 mɑ^{4}mɑ^{4}　阿嫲 ɑ^{3}mɑ^{4}　（名）奶奶 grandmother
3. 爸爸 bɑ^{4}bɑ^{1}　阿爸 ɑ^{3}bɑ^{4}　老窦 lou^{5}deo^{6}　（名）爸爸 father；dad
4. 妈妈 mɑ^{4}mɑ^{1}　阿妈 ɑ^{3}mɑ^{1}　老母 lou^{5}mou^{2}　（名）妈妈 mother；mum
5. 哥哥 go^{4}go^{1}　大佬 dɑi^{6}lou^{2}　（名）哥哥 elder brother
6. 姐姐 zé^{4}zé^{1}　家姐 gɑ^{1}zé^{1}　（名）姐姐 elder sister
7. 弟弟 dei^{4}dei^{2}　细佬 sei^{3}lou^{2}　（名）弟弟 younger brother
8. 妹妹 mui^{4}mui^{2}　细妹 sei^{3}mui^{2}　（名）妹妹 younger sister
9. 老公 lou^{5}gung^{1}　（名）丈夫 husband
10. 老婆 lou^{5}po^{4}　（名）妻子 wife
11. 仔 zei^{2}　（名）儿子 son

12. 女 nêu^{2}　（名）女儿 daughter
13. 叔 sug^{1}　（名）叔；叔叔 uncle
14. 姨 yi^{1}　（名）姨；阿姨 auntie
15. 亲戚 qen^{1}qig^{1}　（名）亲戚 relative
16. 朋友 peng^{4}yeo^{5}　（名）朋友 friend
17. 同事 tung^{4}xi^{6}　（名）同事 colleague；mate；fellow－worker
18. 老细 lou^{5}sei^{3}　（名）老板 boss
19. 经理 ging^{1}léi^{5}　（名）经理 manager；director
20. 职员 jig^{1}yun^{4}　（名）职员 office worker；staff member

七、练习

（一）辨析下列广州话字词，并请翻译成普通话

系	有	屋	哋	边个
喺	冇	屋企	嘅	边度

（二）请用广州话口语和书面文字翻译下面这段话

王先生家在英国，他有一个儿子和两个女儿。他的儿子叫小华，今年 21 岁，想来中国学汉语。小华会一点儿广州话。王先生的联系电话是 13726895418。

（三）请用普通话口语和书面文字翻译下面这段话

杨丽英屋企有五个人，佢有细佬同细妹，佢阿爷同阿嫲喺香港，佢住喺留学生宿舍 303 号房，佢嘅宿舍电话系 87206631。

（四）回答下列问题

1. 你屋企有几多人？有乜嘢人？
2. 你屋企喺边度？
3. 你住喺边度？
4. 你住几号房？
5. 你嘅手机号码系几多？

dei6 ng5 fo3 men6 lou6 tung4 dab3 cé1

第五课 问路同搭车

一、会话入门篇

（一）

A：

Céng2men6 bin1dou6 yeo5 qi3so2 a3

请问 边度 有 厕所 呀？

Qǐngwèn nǎli yǒu cèsuǒ ya

请问 哪里 有 厕所 呀？

B：

Lêng5 bin6 dou1 yeo5 Zo2bin6 hei6 nam4 qi3 yeo6bin6 hei6 nêu5 qi3

两 便 都 有。左便 系 男 厕，右便 系 女 厕。

Liǎng biān dōu yǒu Zuǒbian shì nán cèsuǒ yòubian shì nǚ cèsuǒ

两 边 都 有。左边 是 男 厕所，右边 是 女 厕所。

（二）

A：

Néi5 hou2 Ngo5 sêng2 hêu3 Beg1ging1lou6 dab3 med1yé5 cé1

你 好！我 想 去 北京路，搭 乜嘢 车？

Nǐ hǎo Wǒ xiǎng qù Běijīnglù dā shénme chē

你 好！我 想 去 北京路，搭 什么 车？

B：

Néi5 ho2yi5 co5 yi6seb6ced1 lou6 cé1

你 可以 坐 二十七 路 车。

Nǐ kěyǐ zuò èrshíqī lù chē

你 可以 坐 二十七 路 车。

A：

Sei2 m4 sei2 jun2 cé1
使 唔 使 转 车？

Xū bù xūyào zhuǎn chē
需 不 需要 转 车？

B：

M4 sei2 néi5 hei2 zung2zam6 log6 cé1
唔 使，你 喺 总站 落 车。

Bù xūyào nǐ zài zǒngzhàn xià chē
不 需要，你 在 总站 下 车。

（三）

A：

Céng2men6 dim2 hêu3 dai6xi5gun2 tung4 ling5xi6gun2 a3
请问，点 去 大使馆 同 领事馆 呀？

Qǐngwèn zěnme qù dàshǐguǎn hé lǐngshìguǎn a
请问，怎么 去 大使馆 和 领事馆 啊？

B：

Zêu3 hou2 dab3 dig1xi2 la1
最 好 搭 的士 啦。

Zuì hǎo dā dīshì ba
最 好 搭 的士 吧。

（四）

A：

M4goi1 hêu3 géi1cêng4 dab3 déi6tid6 géi2 hou6 xin3 a3
唔该，去 机场 搭 地铁 几 号 线 呀？

Láojià qù jīchǎng dā dìtiě jǐ hào xiàn a
劳驾，去 机场 搭 地铁 几 号 线 啊？

B：

Dab3 déi6tid6 sam1 hou6 xin3
搭 地铁 三 号 线。
Dā dìtiě sān hào xiàn
搭 地铁 三 号 线。

A：

Do1zé6
多谢！
Xièxie
谢谢！

B：

M4 sei2 hag3héi3
唔 使 客气 。
Bù yòng kèqi
不 用 客气。

二、会话提高篇

（一）

A：

M4goi1 bin1xu3 yeo5 sei2seo2gan1 a3
唔该，边处 有 洗手间 呀？
Láojià nǎli yǒu xǐshǒujiān ya
劳驾，哪里 有 洗手间 呀？

B：

Dêu3m4ju6 néi5 men6 dei6go3 la1
对唔住，你 问 第个 啦。
Duìbuqǐ nǐ wèn biérén ba
对不起，你 问 别人 吧。

（二）

A：

Néi5 hou2 Ngo5 sêng2 hêu3 Sêng6ha6geo2lou6 dim2 hêu3 a3

你 好！我 想 去 上下九路 ，点 去 呀？

Nǐ hǎo Wǒ xiǎng qù Shàngxiàjiǔlù zěnme qù ya

你 好！我 想 去 上下九路 ， 怎么 去 呀？

B：

Yu4guo2 dab3 déi6tid6 yed1 hou6 xin3 néi5 ho2yi5 hei2 Cêng4seo6lou6zam6

如果 搭 地铁 一 号 线，你 可以 喺 长寿路 站

Rúguǒ dā dìtiě yī hào xiàn nǐ kěyǐ zài Chángshòulùzhàn

如果 搭 地铁 一 号 线，你 可以 在 长寿路 站

log6 cé1

落 车。

xià chē

下 车。

（三）

A：

A3 sug1 m4goi1 néi5 wa6béi2ngo5ji1 hêu3 fo2cé1dung1zam6

阿 叔，唔该 你 话畀我知 ，去 火车东站

Dà shū máfan nǐ gàosù wǒ qù huǒchēdōngzhàn

大 叔，麻烦 你 告诉 我， 去 火车东站

dim2 hang4 a3

点 行 呀？

zěnme zǒu a

怎么 走 啊？

B：

Léi4 néi1dou6 mou5 géi2 yun5 hou2 ken5 néi5 yed1jig6 hang4

离 呢度 冇 几 远，好 近。你 一直 行，

Lí zhèli méi duō yuǎn hěn jìn Nǐ yīzhí zǒu

离 这里 没 多 远，很 近。你 一直 走，

go^{3} zo^{2} tin^{1}kiu^{4} zoi^{3} hang^{4} qin^{4} di^{1} zeo^{6} dou^{3} la^{3}
过 咗 天桥 再 行 前 啲 就 到 喇。
guò le tiānqiáo zài zǒu qián yīdiǎnr jiù dào le
过 了 天桥 再 走 前 一点儿 就 到 了。

（四）

A：

Gog^{3} wei^{2} xing^{4}hag^{3} Tei^{2}yug^{6}zung^{1}sem^{1}zam^{6} dou^{3} la^{3}
各 位 乘客， 体育中心站 到 喇，
Gè wèi chéngkè Tǐyùzhōngxīnzhàn dào le
各 位 乘客， 体育中心站 到 了，

céng^{2} hei^{2} heo^{6} mun^{4} log^{6} cé^{1}
请 喺 后 门 落 车。
qǐng zài hòu mén xià chē
请 在 后 门 下 车。

B：

Ngoi^{3}deg^{1}wa^{4} ngo^{5}déi^{6} log^{6} cé^{1} la^{3}
爱德华， 我哋 落 车 啦。
Àidéhuá wǒmen xià chē la
爱德华， 我们 下 车 啦。

三、阅读课文

厕所两便都有，左便系男厕，右便系女厕。去北京路可以坐 27 路车，唔使转车，喺总站落车。去大使馆同领事馆最好搭的士。去机场搭地铁三号线。如果去上下九路，你可以搭地铁一号线，喺长寿路站落车。去机场要搭的士或者喺广州东站搭地铁三号线。阿叔话畀我知，一直行，过咗天桥再行前啲就到火车东站，冇几远，好近。

四、生词

1.	问	men6	（动）问 to ask；to inquire
2.	路	lou6	（名/量）路 way；road；path；bus number
3.	搭	dɑb3	（动）搭（搭乘）to take（a bus，ship，plane，etc.）
4.	车	cé1	（名）车 vehicle
5.	厕所	qi3 so2	（名）厕所 toilet；lavatory；W. C.
6.	便	bin6	边 side（suffix of a noun of locality）
7.	左便	zo2 bin6	（名）左边 the left side；the left
8.	男	nɑm4	（名）男 man；male
9.	右便	yeo6 bin6	（名）右边；右面 the right side；the right
10.	女	nêu5	（名）女 female；woman
11.	去	hêu3	（动）去 to go；to leave
12.	可以	ho2 yi5	（动）可以 can；may
13.	坐	co5	（动）坐，乘坐 by（bus，ship，etc）；to sit
14.	转	jun2	（动）转 to change
	转车	jun2 cé1	（动）转车 to change trains or buses
15.	总站	zung2 zɑm6	（名）总站，终点站 terminal
16.	总	zung2	（副）总 total；all
17.	站	zɑm6	（名）站 station；stop
18.	落	log6	（动）下 to get off
19.	大使馆	dɑi6 xi2 gun2	（名）大使馆 embassy
20.	领事馆	ling5 xi6 gun2	（名）领事馆 consulate
21.	最好	zêu3 hou2	（副）最好 the best
22.	最	zêu3	（副）最 most
23.	的士	dig1 xi2	（名）的士；出租汽车 taxi
24.	搭	dɑb3	（动）搭（搭乘）to take（a bus，ship，plane，etc.）
	搭的士（打的）	dɑb3 dig1 xi2（dɑ2 dig1）	搭的士，坐出租汽车 to take taxi

25.	唔该	m^4goi^1	（动）劳驾（polite formula used when one requests people to make way，etc.）excuse me；would you please；may I trouble you
26.	机场	$géi^1cêng^4$	（名）机场 airport
27.	地铁	$déi^6tid^6$	（名）地铁 metro；subway
28.	线（线路）	xin^3（xin^3lou^6）	（名）线（线路）line
29.	边处	bin^1xu^3	（代）哪儿 where
30.	洗手间	$sei^2seo^2gan^1$	（名）洗手间；厕所 washroom；lavatory；toilet；W. C.
31.	对唔住	$dêu^3m^4ju^6$	对不起 I am sorry
32.	第个	dei^6go^3	（名）别人 other people；others
33.	如果	yu^4guo^2	（连）如果 if；in case；in the event of
34.	阿叔	$a^3 sug^1$	（名）叔叔 uncle
35.	话畀我知	$wa^6béi^2ngo^5ji^1$	告诉我 to tell me
	话	wa^6	（动）说 to say；to speak；to talk
	畀	$béi^2$	（介）给 to
36.	火车	$fo^2cé^1$	（名）火车 train
37.	东；东便	$dung^1$；$dung^1bin^6$	（名）东；东边 east；east side
38.	离	$léi^4$	（介/动）离 from；to be from
39.	呢度	$néi^1dou^6$	（代）这儿；这里 here
40.	近	ken^5	（形）近 near；close
41.	一直	yed^1jig^6	（副）一直 straight ahead
42.	过	go^3	（动）过 to pass；to cross
43.	天桥	tin^1kiu^4	（名）天桥 overhead walkway；overhead crosswalk
44.	再	zoi^3	（副）再 to a greater extent or degree
45.	前	qin^4	（名）前 forward；ahead
46.	就	zeo^6	（副）就 at once ；then
47.	到	dou^3	（动）到 to arrive；to reach
48.	各	gog^3	（代）各 each；every
49.	乘客	$xing^4hag^3$	（名）乘客 passenger

50. 请　céng^{2}　（动）请 please
51. 后；后便　heo^{6}；heo^{6}bin^{6}　（名）后；后边 behind；the back
52. 门　mun^{4}　（名）门 door；gate

专有名词

1. 北京路　Beg^{1}ging^{1}lou^{6}　（专名）Beijing Road
2. 上下九路　Sêng^{6}ha^{6}geo^{2}lou^{6}　（专名）Shangxiajiu Road
3. 长寿路　Cêng^{4}seo^{6}lou^{6}　（专名）Changshou Road
4. 体育中心　Tei^{2}yug^{6} zung^{1}sem^{1}　（专名）Sports Center

五、常用句型

广州话	普通话
1. 唔该，边度有厕所呀？	劳驾，哪里有厕所啊？
2. 去北京路搭乜嘢车？	去北京路搭什么车？
3. 请问，去火车站点行呀？	请问，去火车站怎么走啊？
4. 多谢！	谢谢！
5. 唔使客气。	不用客气。

六、分类词语扩展

［方位词］

1. 上；上便 sêng^{6}；sêng^{6}bin^{6}　（名）上；上边 up；upper；above
2. 中；中间 zung^{1}；zung^{1}gan^{1}　（名）中；中间 middle；centre
3. 下；下便 ha^{6}；ha^{6}bin^{6}　（名）下；下边 below；under
4. 前；前便 qin^{4}；qin^{4}bin^{6}　（名）前；前边 ahead；the front
5. 后；后便 heo^{6}；heo^{6}bin^{6}　（名）后；后边 behind；the back
6. 左；左便 zo^{2}；zo^{2}bin^{6}　（名）左；左边 left；left side

7. 右；右便 yeo⁶；yeo⁶bin　（名）右；右边 right；right side
8. 东；东便 dung¹；dung¹bin⁶　（名）东；东边 east；east side
9. 南；南便 nɑm⁴；nɑm⁴bin⁶　（名）南；南边 south；southern side
10. 西；西便 sei¹；sei¹bin⁶　（名）西；西边 west；west side
11. 北；北便 beg¹；beg¹bin⁶　（名）北；北边 north；northern side
12. 里；里便 lêu⁵；lêu⁵bin⁶　（名）里；里边 in；inside
13. 外；外便 ngoi⁶；ngoi⁶bin⁶　（名）外；外边 out；outside

七、练习

（一）请熟记下面的方位词，并熟练地用广州话说出来

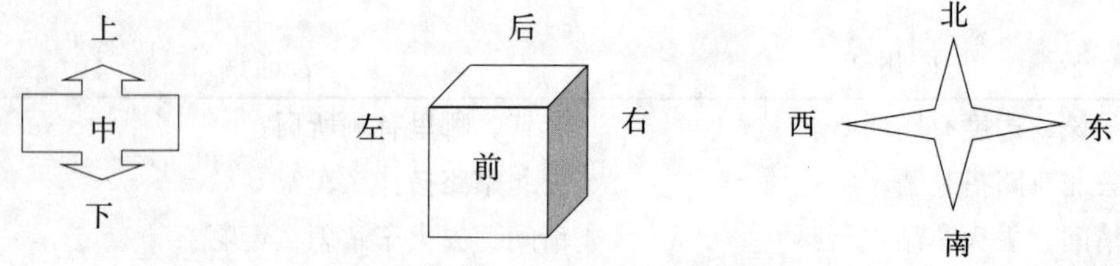

（二）请把下列句子翻译成普通话

1. 边度有厕所呀？
2. 地铁站唔系几远。
3. 去北京路坐乜嘢车？
4. 唔使转车。
5. 搭的士喇。

（三）根据所给话题进行广州话口语练习

1. 告诉别人厕所在什么地方
2. 告诉别人怎么去附近的汽车站
3. 告诉别人怎么去附近的地铁站
4. 告诉别人怎么去饭店
5. 告诉别人怎么去超级市场（supermarket）
6. 告诉别人怎么坐车，在哪儿下车，要不要转车

7. 告诉别人坐地铁几号线
8. 告诉别人怎么去机场
9. 告诉别人怎么去大使馆或领事馆
10. 建议别人搭出租汽车

（四）课外口语和听力练习

1. 找广州当地人问路
2. 找广州当地人问乘车路线
3. 在公共汽车和地铁上注意听广播员用广州话报站名

dei6 lug6 fo3 men6 ga3 yu5 keo3 med6
第六课 问价与购物

一、会话入门篇

（一）

A：

Néi1 zung2 ping4guo2 géi2do1 qin2 yed1 gen1

呢 种 苹果 几多 钱 一 斤？

Zhè zhǒng píngguǒ duōshao qián yī jīn

这 种 苹果 多少 钱 一 斤？

B：

Lug6 men1 bad3 hou6 yed1 gen1

六 文 八 毫 一 斤。

Liù kuài bā máo yī jīn

六 块 八 毛 一 斤。

A：

Ngo5 mai5 sam1 gen1

我 买 三 斤。

Wǒ mǎi sān jīn

我 买 三 斤。

（二）

A：

Xiu2zé2 néi1go3 hei6 med1yé5

小姐，呢个 系 乜嘢？

Xiǎojiě zhège shì shénme

小姐，这个 是 什么？

B：

Coi3 yug6 bao1

菜 肉 包。

Cài ròu bāo

菜 肉 包。

A：

Géi2 qin2 yed1 go3

几 钱 一 个？

Duōshao qián yī ge

多少 钱 一 个？

B：

Ng5 hou4 yed1 go3

五 毫 一 个。

Wǔ máo yī ge

五 毛 一 个。

A：

Go2di1 hei6 med1yé5

呢啲 系 乜嘢？

Nàxiē shì shénme

那些 是 什么？

B：

Yu4 pin2 zug1 Ng5 men1 yed1 wun2

鱼 片 粥。五 文 一 碗。

Yú piàn zhōu Wǔ kuài yī wǎn

鱼 片 粥。五 块 一 碗。

A：

Ngo5 yiu3 lêng5 go3 coi3 yug6 bao1 tung4 yed1 wun2 yu4 pin2 zug1

我 要 两 个 菜 肉 包 同 一 碗 鱼 片 粥。

Wǒ yào liǎng gè cài ròu bāo hé yī wǎn yú piàn zhōu

我 要 两 个 菜 肉 包 和 一 碗 鱼 片 粥。

二、会话提高篇

（一）

A：

Lou^{5}sei^{3} néi^{1} gin^{6} sam^{1} géi^{2}do^{1} qin^{2} a^{3}

老细，呢 件 衫 几多 钱 呀？

Lǎobǎn zhè jiàn yīfu duōshao qián ya

老板，这 件 衣服 多少 钱 呀？

B：

Yi^{6}bag^{3}bad^{3}seb^{6}geo^{2} men^{1}

二百八十九 文。

Èrbǎibāshíjiǔ kuài

二百八十九 块。

A：

Go^{2} tiu^{4} fu^{3} né^{1}

吖 条 裤 呢？

Nà tiáo kùzi ne

那 条 裤子 呢？

B：

Lêng^{5}bag^{3}séi^{3}seb^{6} （lêng^{5}bag^{3}séi^{3}） yed^{1} tiu^{4}

两百四十 （两百四） 一 条。

Liǎngbǎisìshí （liǎngbǎisì） yī tiáo

两百四十 （两百四） 一 条。

A：

Dou^{1} gem^{3} guei^{3} a^{3} péng^{4} di^{1} deg^{1} m^{4} deg^{1} a^{3}

都 咁 贵 呀，平 啲 得 唔 得 呀？

Dōu nàme guì ya piányi diǎnr xíng bù xíng a

都 那么 贵 呀，便宜 点儿 行 不 行 啊？

B：

Péng⁴ xiu²xiu² béi² néi⁵ la³
平　少少　畀　你　喇。

Piányi shǎoxǔ gěi nǐ ba
便宜　少许　给　你　吧。

A：

Yeo⁵ mou⁵ zung¹hou² gé³
有　冇　中号　嘅？

Yǒu méiyǒu zhōnghào de
有　没有　中号　的？

B：

Mou⁵
冇。

Méiyǒu
没有。

（二）

A：

Néi¹ dêu³ hai⁴ dim² mai³ a³
呢　对　鞋　点　卖　呀？

Zhè shuāng xié zěnme mài ya
这　双　鞋　怎么　卖　呀？

B：

Yed¹bag³sam¹seb⁶ men¹ yed¹ dêu³
一百三十　文　一　对。

Yībǎisānshí kuài yī shuāng
一百三十　块　一　双。

A：

Yeo⁵ mou⁵ hag¹ xig¹ ga³
有　冇　黑　色　㗎？

Yǒu méiyǒu hēi sè de ya
有　没有　黑　色　的　呀？

B：

Yeo5
有。

Yǒu
有。

A：

Ngo5 yiu3 lêng5 dêu3
我 要 两 对。

Wǒ yào liǎng shuāng
我 要 两 双。

B：

Néi5 zeg6 géi2 dai6 ma5 gé3 hai4
你 着 几 大 码 嘅 鞋？

Nǐ chuān duō dà mǎ de xié
你 穿 多 大 码 的 鞋？

A：

Sam1seb6lug6 ma5 gé3
三十六 码 嘅。

Sānshíliù mǎ de
三十六 码 的。

B：

Néi5 deng2 yed1zen6 ngo5 heu3 lo2 béi2 néi5
你 等 一阵，我 去 攞 畀 你。

Nǐ děng yīhuìr wǒ qù ná gěi nǐ
你 等 一会儿，我 去 拿 给 你。

A：

M4goi1 seo1 qin2
唔该，收 钱。

Láojià shōu qián
劳驾，收 钱。

B：

Yed1gung6　hei6　lêng5bag3lug6seb6　men1

一共　系　两百六十　文。

Yīgòng　shì　liǎngbǎiliùshí　kuài

一共　是　两百六十　块。

Zao2　fan1　séi3seb6　men1　béi2　néi5

找　返　四十　文　畀　你。

Zhǎo　huí　sìshí　kuài　gěi　nǐ

找　回　四十　块　给　你。

Do1zé6　bong1cen3

多谢　帮衬！

Duōxiè　huìgù

多谢　惠顾！

三、阅读课文

苹果嘅价钱系六文八毫一斤，我买三斤。菜肉包五毫一个，鱼片粥五文一碗，我要咗两个菜肉包同一碗鱼片粥。

吖条裤两百四一条，呢对鞋百三文一对，佢要两对黑色嘅鞋。

四、生词

1. 价	ga3	（名）价 price
（价钱）	（ga3qin4）	（价钱）
（价格）	（ga3gag3）	（价格）
2. 购物	keo3med6	购物 shopping
3. 购	keo3	（动）购；购买；买 buy；purchase
4. 种	zung2	（量）种 kind；type；sort
5. 苹果	ping4guo2	（名）苹果 apple
6. 钱	qin2	（名）钱 money

7. 斤	gen^{1}	（量）斤 jin（Chinese unit of weight，1/2kilogram）
8. 文	men^{1}	（量）<口语>块；<书面语>元 yuan（the basic unit of Chinese money）
9. 买	mai^{5}	（动）买 to buy
10. 乜	med^{1}	（代）什么 what
11. 嘢	yé^{5}	（名）东西 thing
乜嘢	med^{1}yé^{5}	（代）什么（什么东西）what
12. 菜	coi^{3}	（名）菜 vegetable；dish；greens
13. 肉	yug^{6}	（名）肉 meat
14. 包	bao^{1}	（名）包子 steamed stuffed bun
15. 毫	hou^{4}	（量）<口语>毛（<书面语>角）mao（one - tenth of a yuan）
16. 吖啲	go^{2}di^{1}	（代）那些 those
17. 鱼	yu$^{4/2}$	（名）鱼 fish
18. 片	pin$^{3/2}$	（名）片 a flat；thin piece
19. 粥	zug^{1}	（名）粥 gruel；porridge；congee
20. 碗	wun^{2}	（量/名）碗 bowl
21. 老细	lou^{5}sei^{3}	（名）老板 boss
22. 件	gin^{6}	（量）件（a measure word for those things which can be counted）
23. 衫	sam^{1}	（名）衣服 clothes
24. 百	bag^{3}	（数）百 hundred
25. 条	tiu^{4}	（量）条（a measure word for long and thin things）
26. 裤	fu^{3}	（名）裤子 trousers
27. 呢	né^{1}	（助）呢（a modal particle）
28. 咁	gem^{3}	（代）这么；那么 such；so
29. 贵	guei^{3}	（形）贵 expensive
30. 平	péng^{4}	（形）便宜 cheap
31. 得	deg^{1}	（动）可以；行 all right
32. 中	zung^{1}	（名）中 among；middle；centre

33. 号　hou[2]　（名）号 size

34. 对　dêu[3]　（量）双 pair（a measure word for socks，shoes，etc.）

35. 鞋　hai[4]　（名）鞋子 shoes

36. 卖　mai[6]　（动）卖 to sell

37. 黑　hag[1]　（名）黑 black

38. 色　xig[1]　（名）色 colour

39. 着　zêg[3]　（动）穿 to wear；to put on

40. 码（尺码）　ma[5]　（名）码（尺码）a sign or thing indicating number

41. 等　deng[2]　（动）等 to wait

42. 一阵　yed[1]zen[6]　（名）一阵；一会儿 a moment；a while

43. 攞　lo[2]　（动）拿 to take；to bring

44. 收　seo[1]　（动）收 to get payment；to receive；to collect

45. 一共　yed[1]gung[6]　（副）一共 altogether；in all；all told

46. 找　zao[2]　（动）找（钱）to give sb. a change

47. 返　fan[1]　（动）回 to return；to go or come back

48. 帮衬　bong[1]cen[3]　（动）惠顾 patronize

五、常用句型

广州话	普通话
1. 苹果几多钱一斤？	苹果多少钱一斤？
2. 呢件衫点卖呀？	这件衣服怎么卖呀？
3. 咁贵呀，平啲得唔得呀？	那么贵呀，便宜点儿行不行？
4. 呢个系乜嘢？	这个是什么？
5. 吖个系乜嘢？	那个是什么？

六、分类词语扩展

［常见水果名称］

七、练习

（一）两人或三人对话，话题是购物

（要求对话内容包括问价、还价、购物、付钱、找钱、感谢）

（二）语音语调练习

1. 以下是同音不同调字词，朗读后请在字的右上角标上调号并查看对错。

买 卖	好 号	家 喍	哥 个
千 钱	唔 五		

2. 以下是音调易混词，朗读后请写上拼音并查看对错。

八 百	有 要	十 七	啄 黑

（三）请用普通话写出下面这几句广州话的意思

1. 唔使啦。
2. 唔该晒。
3. 唔错。
4. 唔好。
5. 要唔要？

（四）请把下列句子翻译成广州话

1. 你买什么？
2. 裤子多少钱一条？
3. 这种水果怎么卖啊？
4. 香蕉多少钱一斤？
5. 便宜点儿行不行？
6. 一共是多少钱？
7. 有没有白色的衣服？
8. 我想买件衣服，还想买条裤子。
9. 我要一条黑色的裤子，要中号的。
10. 给您找回八元。

dei6 ced1 fo3 yed6 kéi4 tung4 xi4 gan3
第七课 日期同时间

一、会话入门篇

A：

Yi4ga1 géi2 dim2

而家 几 点？

Xiànzài jǐ diǎn zhōng

现在 几 点 钟？

B：

Ced1 dim2 m5seb6m5 fen1 zang1 m5fen1zung1 （yed1go3ji3） bad3 dim2

七 点 五十五 分，争 五分钟 （一个字） 八 点。

Qī diǎn wǔshíwǔ fēn chà wǔfēnzhōng （yīgezì） bā diǎn

七 点 五十五 分，差 五分钟 （一个字） 八 点。

A：

Gem1yed6 géi2 hou6

今日 几 号？

Jīntiān jǐ hào

今天 几 号？

B：

Yi6seb6yed1 （ya6yed1） hou6

21 （廿一） 号。

Èrshíyī hào

21 号。

A：

Ngo5 gé3 wu6jiu3 qim1jing3 yeo5hao6kéi4 go3 géi2yed6 zeo6 dou3 kéi4 la3

我 嘅 护照 签证 有效期 过 几日 就 到 期 喇。

Wǒ de hùzhào qiānzhèng yǒuxiàoqī guò jǐtiān jiù dào qī le

我 的 护照 签证 有效期 过 几天 就 到 期 了。

Dai6wei6 néi5 hei6 géi2xi4 lei4 Guong2zeo1 ga3

大卫，你 系 几时 嚟 广州 㗎？

Dàwèi nǐ shì shénme shíhòu lái Guǎngzhōu de ya

大卫，你 是 什么时候 来 广州 的呀？

B：

Ngo5 hei6 geo6nin2 bad3 yud6 sam1 hou6 lei4 Guong2zeo1 gé3

我 系 旧年 8 月 3 号 嚟 广州 嘅。

Wǒ shì qùnián bā yuè sān hào lái Guǎngzhōu de

我 是 去年 8 月 3 号 来 广州 的。

A：

Néi5 géi2xi4 wui4 guog3

你 几时 回 国？

Nǐ héshí huí guó

你 何时 回 国？

B：

Cêd1nin2 ngo5 ga1zé1 gid3fen1 ngo5 fan1 ngug1kéi5 cam1ga1 fen1lei5

出年。我 家姐 结婚，我 返 屋企 参加 婚礼，

Míngnián wǒ jiějie jiéhūn wǒ huí jiā cānjiā hūnlǐ

明年。我 姐姐 结婚，我 回 家 参加 婚礼，

yin4heo6 zoi3 fan1lei4

然后 再 返嚟。

ránhòu zài huílái

然后 再 回来。

二、会话提高篇

A：

Lem4 Zi5cêng4 dim2gai2 kem4yed6 sêng6zeo3 néi5 mou5 lei4 sêng5fo3
林 子祥， 点解 琴日 上昼 你 冇 嚟 上课？

Lín Zǐxiáng wèishénme zuótiān shàngwǔ nǐ méi lái shàngkè
林 子祥， 为什么 昨天 上午 你 没 来 上课？

B：

Ngo5 yen1wei6 yeo5 xi6 so2yi5 céng2 zo2 ga3
我 因为 有 事，所以 请 咗 假。

Wǒ yīnwèi yǒu shì suǒyǐ qǐng le jià
我 因为 有 事，所以 请 了 假。

A：

Ting1yed6 ha6zeo3 m4sei2 sêng5tong4 néi5 ji1 m4ji1
听日 下昼 唔使 上堂， 你 知 唔知？

Míngtiān xiàwǔ búyòng shàngkè nǐ zhīdào ma
明天 下午 不用 上课， 你 知道 吗？

B：

Kem4yed6 man5hag1 Xun1 Fug1loi4 wa6 zo2 béi2 ngo5 ji1
琴日 晚黑 孙 福来 话 咗 畀 我 知。

Zuótiān wǎnshang Sūn Fúlái gàosù wǒ le
昨天 晚上 孙 福来 告诉 我 了。

A：

Ha3 go3 yud6 yeo5 yu5mou4keo4 béi2coi3 néi5 cam1 m4 cam1ga1
下 个 月 有 羽毛球 比赛， 你 参 唔 参加？

Xià ge yuè yǒu yǔmáoqiú bǐsài nǐ cān bù cānjiā
下 个 月 有 羽毛球 比赛， 你 参 不 参加？

B：

Géi2xi4 a3
几时 呀？

Jǐshí ya
几时 呀？

A:

Ha3 go3 xing1kéi4 m5 ngan3zeo6 lêng5 dim2 bun3
下 个 星期 五，晏昼 两 点 半。
Xià gè xīngqī wǔ xiàwǔ liǎng diǎn bàn
下 个 星期 五，下午 两 点 半。

B:

Ha3 go3 lei5bai3 ng5 ngo5 m4deg1han4 ngo5 yiu3 fug1zab6 gung1fo3
下 个 礼拜 五 我 唔得闲，我 要 复习 功课，
Xià ge lǐbài wǔ wǒ méikòngr wǒ yào fùxí gōngkè
下 个 礼拜 五 我 没空儿，我 要 复习 功课，

zêu2béi6 cag1yim6 tung4 hao2xi3 zung6 yiu3 zou3 zog3yeb6
准备 测验 同 HSK 考试，仲 要 做 作业。
zhǔnbèi cèyàn hé kǎoshì hái yào zuò zuòyè
准备 测验 和 HSK 考试，还 要 做 作业。

A:

Ting1yed6 zung1ng5 seb6yi6 dim2 léng4 zung1 ngo5 yêg3 zo2 peng4yeo5
听日 中午 十二 点 零 钟 我 约 咗 朋友
Míngtiān zhōngwǔ shí'èr diǎn duō zhōng wǒ yuē le péngyou
明天 中午 十二 点 多 钟 我 约 了 朋友

hêu3 xig6ngan3 Néi5 hêu3 m4 hêu3
去 食晏。你 去 唔 去？
qù chī wǔfàn Nǐ qù bù qù
去 吃 午饭。你 去 不 去？

B:

M4 hêu3 la3 ngo5 sêng2 hêu3 hog6yun2 fan6tong4 xig6fan6
唔 去 喇，我 想 去 学院 饭堂 食饭，
Bú qù le wǒ xiǎng qù xuéyuàn fàntáng chīfàn
不 去 了，我 想 去 学院 饭堂 吃饭，

xig6 yun4 fan6 fan1 sug1sé3 fen3gao3
食 完 饭 返 宿舍 瞓觉 。
chī wán fàn huí sùshè shuìjiào
吃 完 饭 回 宿舍 睡觉 。

三、阅读课文

大卫系旧年 8 月 3 日嚟广州嘅，佢嘅护照签证有效期过几日就到期。佢出年回国，佢家姐结婚，佢返屋企参加婚礼然后再返嚟。

琴日上昼林子祥冇嚟上堂。佢因为有事，所以请咗假。下个星期五晏昼两点半有羽毛球比赛，佢亦都唔得闲参加，佢要复习功课，准备考试。听日中午十二点零钟大卫约咗朋友去食晏，林子祥唔想去，佢想去学院饭堂食饭，食完饭返宿舍瞓觉。

四、生词

1.	日期；期	yed6kéi4；kéi4	（名）日期；期 date
2.	时间	xi4gan3	（名）时间 time
3.	而家	yi4ga1	（名）现在 now
4.	点（钟）	dim2（zung1）	（量）点（钟） o'clock（a measure word）
5.	分（钟）	fen1（zung1）	（量）分（钟） minute（1/60 of an hour）
6.	争	zang1	（动）差 wanting；short of
7.	一个字	yed1go3ji3	（名）五分钟 five minutes
8.	今日	gem1yed6	（名）今天 today
9.	号	hou6	（名）号 date
10.	护照	wu6jiu3	（名）护照 passport
11.	签证	qim1jing3	（名）签证 visa
12.	有效期	yeo5hao6kéi4	（名）有效期 date of expiry
13.	过几日	go3géi2yed6	过几天 in a few days
14.	日	yed6	（名）日 day
15.	到期	dou3kéi4	（动）到期 to expire

16.	几时	géi2xi4	（代）几时；何时；什么时候 what time；when
17.	<口语>旧年	geo6nin2	（名）去年 last year
18.	回	wui4	（动）回 return；go back
19.	国（国家）	guog3（guog3ga1）	（名）国（国家）country；state；nation
20.	出年	cêd1nin2	（名）明年 next year
21.	结婚	gid3fen1	（动）结婚 to marry；to get married
22.	参加	cam1ga1	（动）参加 attend；join；take part in
23.	婚礼	fen1lei5	（名）婚礼 wedding ceremony；wedding
24.	然后	yin4heo6	（连）然后 then
25.	再	zoi3	（副）再 indicating one action taking place after the completion of another
26.	点解	dim2gai2	（代）为什么 why
27.	琴日	kem4yed6	（名）昨天 yesterday
	昨日	zog3yed6	
28.	上昼	sêng6zeo3	（名）上午 morning
	上午	sêng6ng5	
29.	上堂	sêng5tong4	（动）上课 to have class；to attend class
	上课	sêng5fo3	
30.	因为	yen1wei6	（连）因为 because
31.	事	xi6	（名）事情 affair；matter；thing
32.	所以	so2yi5	（连）所以 so；therefore
33.	请假	céng2ga3	请假 to ask for leave
34.	听日	ting1yed6	（名）明天 tomorrow
35.	下昼	ha6zeo3	（名）下午 afternoon
	下午	ha6ng5	
36.	晚黑	man5hag1	（名）晚上 evening；night
	晚上	man5sêng6	
37.	下	ha3	（名）下 next
38.	月	yud6	（名）月 month
	下个月	ha3go3yud6	下个月 next month
39.	羽毛球	yu5mou4keo4	（名）羽毛球 badminton

40. 比赛	béi2coi3	（动/名）比赛 match；competition
41. 参加	cam1ga1	（动）参加 attend；join；take part in
42. 星期	xing1kéi4	（名）星期 week
43. 五	ng5	（数）五 five
44. 晏昼	ngan3zeo6	（名）下午 afternoon
45. 礼拜	lei5bai3	（名）礼拜 day of the week；week
46. 得闲	deg1han4	（动）得闲；得空 to have leisure；to be free
47. 复习 温习	fug1zab6 wen1zab6	（动）复习 to review；to revise
48. 功课	gung1fo3	（名）功课 schoolwork；homework
49. 准备	zêu2béi6	（动）准备 to prepare；to get ready
50. 测验	cag1yim6	（动/名）测验 to test；to check；to give (have) a test
51. 考试	hao2xi3	（名）考试 examination
52. 做	zou3	（动）做 to do
53. 作业	zog3yeb6	（名）作业 homework
54. 中午	zung1ng5	（名）中午 noon
55. 零	léng4	（数）零头 odd；with a little extra
56. 约	yêg3	（动）约 invite
57. 食晏	xig6ngan3	吃午饭 have lunch
58. 学院	hog6yun2	（名）学院 college；institute
59. 饭堂	fan6tong4	（名）饭堂；食堂 dining room；canteen
60. 食饭	xig6fan6	（动）吃饭 to eat；to have a meal
61. 完	yun4	（动）完 to finish；to complete；to be over
62. 瞓觉	fen3gao3	（动）睡觉 to go to bed；to sleep

专有名词

1. 大卫	Dai6wei6	（专名）name of a person
2. 林子祥	Lem4 Zi5cêng4	（专名）a Chinese name
3. 孙福来	Xun1 Fug1loi4	（专名）a Chinese name

五、常用句型

广州话	普通话
1. 我系旧年 8 月 25 号嚟广州嘅。	我是去年 8 月 25 号来广州的。
2. 你几时回国？	你几时（什么时候）回国？
3. 今日系几号？	今天是几号？
4. 而家几点？	现在几点钟？
5. 争一个字十二点。	差五分钟十二点。

六、分类词语扩展

［日期与时间词］

1. 年　nin^{4}　（名）年 year
2. 月　yud^{6}　（名）月 month
3. 日　yed^{6}　（名）日；天 day；date；sun
4. 日期　yed^{6}kéi^{4}　（名）日期 date
5. 前年　qin^{4}nin^{2}　（名）前年 the year before last
6. 去年　hêu^{3}nin^{4}　（名）去年 last year
7. 今年　gem^{1}nin^{2}　（名）今年 this year
8. 明年　ming^{4}nin^{4}　（名）明年 next year
9. 后年　heo^{6}nin^{4}　（名）后年 the year after next
10. 旧年 <口语>　geo^{6}nin^{2}　（名）去年 last year
11. 出年 <口语>　cêd^{1}nin^{2}　（名）明年 next year
12. 上个月　sêng^{6}go^{3}yud^{6}　（名）上个月 last month

13. 下个月　ha^{3}go^{3}yud^6　（名）下个月 next month
14. 上星期　sêng^{6}xing^{1}kéi^4　（名）上星期 last week
15. 下星期　ha^{3}xing^{1}kéi^4　（名）下星期 next week
16. 星期日　xing^{1}kéi^{4}yed^6　（名）星期日；星期天 Sunday
17. 星期　xing^{1}kéi^4　（名）星期 week
18. 礼拜　lei^{5}bai^3　（名）礼拜 week
19. 前日　qin^{4}yed^6　（名）前天 the day before yesterday
20. 昨日　zog^{3}yed^6　（名）昨天 yesterday
21. 今日　gem^{1}yed^6　（名）今天 today
22. 明日　ming^{4}yed^6　（名）明天 tomorrow
23. 后日　heo^{6}yed^6　（名）后天 the day after tomorrow
24. 琴日　kem^{4}yed^6　（名）昨天 yesterday
25. 听日　ting^{1}yed^6　（名）明天 tomorrow
26. 晨早　sen^{4}zou^2　（名）早晨 early morning
27. 上午　sêng^{6}ng^5　（名）上午 morning
28. 中午　zung^{1}ng^5　（名）中午 noon
29. 下午　ha^{6}ng^5　（名）下午 afternoon
30. 晚上　man^{5}sêng^6　（名）晚上 evening; night
31. 朝早　jiu^{1}zou^2　（名）早上 early in the morning
32. 上昼　sêng^{6}zeo^3　（名）上午 morning
33. 下昼　ha^{6}zeo^3　（名）下午 afternoon
34. 晚黑　man^{5}heg^1　（名）晚上 evening; night
35. 上次　sêng^{6}qi^3　（名）上次 last time
36. 下次　ha^{3}qi^3　（名）下次 next time
37. 后；以后　heo^6；yi^{5}heo^6　（名）后；以后 later; after; afterwards

38. 小时　xiu^2xi^6　（名）小时 hour

39. 钟头　$zung^1teo^4$　（名）钟头 hour

40. 点（钟）　dim^2（$zung^1$）　（量）点钟（a measure word）（o'clock）

41. 分钟　fen^1zung^1　（量）分钟 minute of an hour

42. 一个字　$yed^1go^3ji^3$　（名）五分钟 five minutes

七、练习

（一）说一说，写一写，请用广州话问答日期和时间

1. 问今天的日期
2. 问现在的时间
3. 问星期
4. 问旅行计划时间安排
5. 告诉别人今天的日期
6. 告诉别人现在的时间
7. 告诉别人今天星期几
8. 告诉别人你的旅行计划时间安排
9. 告诉别人你的作息时间安排
10. 告诉别人你何时来广州
11. 告诉别人你什么时候回国

（二）请仔细辨析下列词或词组后翻译成普通话

{旧年 / 出年}　{琴日 / 听日}　{上昼 / 下昼}

{晏昼 / 晚黑}　{点解 / 点卖}　{而家 / 三点零钟}

（三）看图进行二人对话，并写出对话内容
（话题要与日期或时间有关，要求在6句以上）

dei6 bad3 fo3 yem2 ca4 tung4 xig6 fan6

第八课 饮茶同食饭

一、会话入门篇

（一）

A：

Wa4 go1 géi2xi4 ngo5déi6 yed1cei4 hêu3 yem2ca4 wag3zé2 xig6fan6 la1

华 哥， 几时 我哋 一齐 去 饮茶 或者 食饭 啦。

Huá gē shénme shíhòu wǒmen yìqǐ qù hēchá huòzhě chīfàn ba

华 哥， 什么时候 我们 一起 去 喝茶 或者 吃饭 吧。

B：

Hou2 a3 Xing1kéi4yed6 jiu1zou2 ngo5 céng2 néi5déi6 yem2zou2ca4

好 呀。 星期日 朝早 我 请 你哋 饮早茶。

Hǎo a Xīngqītiān zǎoshang wǒ qǐng nǐmen hēzǎochá

好 啊。 星期天 早上 我 请 你们 喝早茶。

C：

Géi2 dim2 zung1 a3

几 点 钟 呀？

Jǐ diǎn zhōng a

几 点 钟 啊？

B：

Ced1 dim2 léng4 zung1 hei2 Nam4wu4 Can1téng1 mun4heo2 gin3

七 点 零 钟 喺 南湖 餐厅 门口 见。

Qī diǎn duō zhōng zài Nánhú Cāntīng ménkǒu jiàn

七 点 多 钟 在 南湖 餐厅 门口 见。

(二)

D:

Xin^{1}sang^{1} géi^{2} wei^{2} a^{3}

先生，几位呀?

Xiānsheng jǐ wèi ya

先生，几位呀?

B:

Sam^{1} wei^{2}

三位。

Sān wèi

三位。

D:

Yiu^{3} yem^{2} di^{1} med^{1}yé^{5} a^{3}

要饮啲乜嘢呀?

Yào hē diǎnr shénme ya

要喝点儿什么呀?

B:

Lou^{5}Leo^{4} xiu^{2}Léi^{5} yem^{2} wu^{1}lung^{2}ca^{4} ding^{6}hei^{6} gug^{1}fa^{1}ca^{4} a^{3}

老刘、小李，饮乌龙茶定系菊花茶呀?

LǎoLiú xiǎoLǐ hē wūlóngchá háishì júhuāchá ya

老刘、小李，喝乌龙茶还是菊花茶呀?

A:

Tin^{1}héi^{3} hou^{2} yid^{6} gug^{1}fa^{1}ca^{4} m^{4}co^{3} lei^{4} yed^{1} wu^{4} gug^{1}fa^{1}ca^{4}

天气好热，菊花茶唔错，嚟一壶菊花茶。

Tiānqì hǎo rè júhuāchá bùcuò lái yī hú júhuāchá

天气好热，菊花茶不错，来一壶菊花茶。

C:

Zoi^{3} ga^{1} lêng^{5} zên^{1} bé^{1}zeo^{2}

再加两樽啤酒。

Zài jiā liǎng píng píjiǔ

再加两瓶啤酒。

（三）

B：

Xiu^{2}zé^2 mai^{4}dan^1 da^{2}bao^1

小姐，埋单，打包！

Xiǎojiě jiézhàng dǎbāo

小姐，结账，打包！

E：

Yed^{1}gung^6 hei^6 yed^{1}bag^{3}lug^{6}seb^{6}bad^3 men^1

一共 系 一百六十八 文。

Yīgòng shì yībǎiliùshíbā kuài

一共 是 一百六十八 块。

二、会话提高篇

（一）

B：

Lou^{5}Leo^4 xiu^{2}Léi^5 néi^{5}déi^6 zung^{1}yi^3 xig^6 di^1 med^{1}yé^5

老刘、小李，你哋 中意 食 啲 乜嘢？

LǎoLiú xiǎoLǐ nǐmen xǐhuan chī diǎnr shénme

老刘、小李，你们 喜欢 吃 点儿 什么？

AC：

Cêu^{4}bin^2 la^1

随便 啦。

Suíbiàn ba

随便 吧。

B：

Xiu^{2}zé^2 ngo^{5}déi^6 yiu^3 néi^1 géi^2 yêng^6 mui^5 yêng^6 yed^1 fen^6

小姐，我哋 要 呢 几 样，每 样 一 份。

Xiǎojiě wǒmen yào zhè jǐ yàng měi yàng yī fèn

小姐，我们 要 这 几 样，每 样 一 份。

D：

Yed1 wun2 péi4dan2 seo3yug6jug1 yed1 dib6 gei1yug6 cêng2fen2

一 碗 皮蛋 瘦肉粥 、一 碟 鸡肉 肠粉 、

Yī wǎn pídàn shòuròuzhōu yī dié jīròu chángfěn

一 碗 皮蛋 瘦肉粥、 一 碟 鸡肉 肠粉 、

yed1 wun2 ngeo4yug6min6 yed1 lung4 jing1gao2 yed1 wun2 wen4ten1

一 碗 牛肉面 、一 笼 蒸饺 、一 碗 云吞 ……

yī wǎn niúròumiàn yī lóng zhēngjiǎo yī wǎn húntun

一 碗 牛肉面、 一 笼 蒸饺、 一 碗 馄饨 ……

B：

Lou5Leo4 xiu2Léi5 zung6 yiu3 di1 med1yé5 tim1 a3

老刘、 小李， 仲 要 啲 乜嘢 （添）呀？

LǎoLiú xiǎoLǐ hái yào tiān diǎnr shénme ya

老刘、 小李， 还 要 （添）点儿 什么 呀？

AC：

Néi1di1 yi5ging1 geo3 la3 m4sei2 la3

呢啲 已经 够 喇，唔使 喇。

Zhèxiē yǐjīng gòu le bùbì le

这些 已经 够 了，不必 了。

（二）

A：

M4goi1 sai3 Wa4go1

唔该 晒，华哥。

Xièxie la Huágē

谢谢 啦，华哥。

B：

M4sei2 hag3héi3

唔使 客气。

Bùbì kèqi

不必 客气。

C：

Hɑ^{3} qi^{3} ngo^{5} céng^{2}hɑg^{3} céng^{2} néi^{5}déi^{6} xig^{6}fɑn^{6}
下 次 我 请客 ， 请 你哋 食饭 。

Xià cì wǒ qǐngkè qǐng nǐmen chīfàn
下 次 我 请客， 请 你们 吃饭。

三、阅读课文

华哥请老刘、小李饮早茶，佢哋约咗星期日朝早七点零钟喺南湖餐厅门口见。佢哋要咗一壶菊花茶、两樽（支）啤酒、一碗皮蛋瘦肉粥、一碟鸡肉肠粉、一碗牛肉面、一笼蒸饺、一碗云吞……每样要咗一份。一共系一百六十八文。

四、生词

1. 饮茶 饮早茶 饮下午茶	yem^{2}cɑ^{4} yem^{2}zou^{2}cɑ^{4} yem^{2}hɑ^{6}ng^{5}cɑ^{4}	喝茶（喝早茶；喝下午茶）to drink tea; to drink water; to have breakfast in restaurants; to eat dim sum in restaurants
2. 饮	yem^{2}	（动）喝 to drink
3. 茶	cɑ^{4}	（名）茶 tea
4. 食	xig^{6}	（动）吃 to eat; take（medicine）
5. 饭	fɑn^{6}	（名）饭 meal; cooked rice
6. 一齐	yed^{1}cei^{4}	（副）一起 together
7. 或者	wɑg^{3}zé^{2}	（连）或者 or
8. 日	yed^{6}	（名）日 sun; day
9. 星期日	xing^{1}kéi^{4}yed^{6}	（名）星期日；星期天 Sunday
10. 朝早	jiu^{1}zou^{2}	（名）早上 early in the morning
11. 请	céng^{2}	（动）请 to invite
12. 餐厅	cɑn^{1}téng^{1}	（名）餐厅 restaurant; dining room
13. 门口	mun^{4}heo^{2}	（名）门口 door way; entrance
14. 见	gin^{3}	（动）见 to see; to meet
15. 老	lou^{5}	（形）老 old; aged

16.	乌龙茶	wu1lung2ca4	（名）乌龙茶 oolong tea
17.	定系	ding6hei6	（连）还是 or
18.	菊花茶	gug1fa1ca4	（名）菊花茶 chrysanthemum tea
19.	热	yid6	（形）热 hot
20.	壶（茶壶）	wu4（ca4wu4/2）	（量/名）壶（茶壶）pot（teapot）
21.	加	ga1	（动）加 to add
22.	樽	zên1	（量/名）瓶 bottle
	支	ji1	（量）支（a measure word for long，thin，inflexible objects）
23.	啤酒	bé1zeo2	（名）啤酒 beer
24.	唔错	m4co3	（形）不错 pretty good；not bad
25.	中意	zung1yi3	（动）喜欢；中意 to like；to enjoy
26.	喜欢	héi2fun1	（动）喜欢；中意 to like；to enjoy
27.	随便 <口语>肆惮（又写作“是但”）	cêu4bin2 xi6dan6	（形）随便 to do as one pleases；random
28.	埋单	mai4dan1	（动）结账 to settle accounts；balance books
29.	打包	da2bao1	（动）打包 to pake with lunch box，food container，etc.
30.	样	yêng6	（量）样 kind；type
31.	每	mui5	（代）每 every；each
32.	份	fen6	（量）份 portion
33.	碗	wun2	（量/名）碗 bowl（a measure word）
34.	皮蛋	péi2dan2	（名）皮蛋 preserved egg
35.	瘦	seo3	（形）瘦 thin
36.	碟	dib6	（量/名）碟 small plate；small dish
37.	鸡	gei1	（名）鸡 chicken
38.	肠粉	cêng2fen2	（名）肠粉 Steamed Rice Rolls
39.	牛肉	ngeo4yug6	（名）牛肉 beef
40.	面（面条）	min6（min6tiu4）	（名）面条 noodles

41. 笼　lung^{4}　（名/量）蒸笼；笼 steamer（food steamer）
42. 蒸　jing^{1}　（动）蒸 steam
43. 饺（饺子）　gao^{2}（gao^{2}ji^{2}）　（名）饺（饺子）dumpling
44. 云吞　wen^{4}ten^{1}　（名）馄饨 wonton；dumpling soup
45. 添　tim^{1}　（动）添 add；increase
46. 呢啲　néi^{1}di^{1}　（代）这些 these
47. 够　geo^{3}　（形）够 enough
48. 唔该　m^{4}goi^{1}　（动）谢谢 to thank
49. 晒　sai^{3}　（助）啦（了啊）（used at the end of a sentence to make it more emphatic）
50. 次　qi^{3}　（量）次（a verbal measure word）time(s)
51. 请客　céng^{2}hag^{3}　（动）请客 to invite sb. to dinner

专有名词

1. 刘　Leo^{4}　（专名）a surname
2. 李　Léi^{5}　（专名）a surname
3. 南湖餐厅　Nam^{4}wu^{4} Can^{1}téng^{1}　（专名）the South Lake Restaurant

五、常用句型

广州话	普通话
1. 听日朝早我请你哋饮早茶。	明天早上我请你们喝早茶。
2. 要饮啲乜嘢茶呀？	要喝点儿什么茶啊？
3. 你哋中意食啲乜嘢？	你们喜欢吃点儿什么？
4. 小姐，要呢几样，每样一份。	小姐，要这几样，每样一份。
5. 小姐，埋单！	小姐，结账！

六、分类词语扩展

［部分常见饮食词汇］

1.	牛奶	ngeo^{4}nɑi^{5}	（名）牛奶 milk
2.	咖啡	gɑ^{3}fé^{1}	（名）咖啡 coffee
3.	可乐	ho^{2}log^{6}	（名）可乐（可口可乐）Coca Cola
4.	茶	cɑ^{4}	（名）茶 tea
5.	奶茶	nɑi^{5}cɑ^{4}	（名）奶茶 tea with milk
6.	果汁	guo^{2}zeb^{1}	（名）果汁 fruit juice
7.	啤酒	bé^{1}zeo^{2}	（名）啤酒 beer
8.	酒	zeo^{2}	（名）酒 wine；alcoholic drink
9.	水	sêu^{2}	（名）水 water
10.	矿泉水	kong^{3}qun^{4}sêu^{2}	（名）矿泉水 mineral water
11.	滚水	guen^{2}sêu^{2}	（名）开水 boiled water；boiling water
12.	冻滚水	dung^{3}guen^{2}sêu^{2}	（名）凉开水 cold boiled water
13.	蔬菜	so^{1}coi^{3}	（名）蔬菜 vegetables；greens
14.	菜	coi^{3}	（名）菜；蔬菜 green vegetable
15.	肉	yug^{6}	（名）肉 meat
16.	鱼	yu$^{4/2}$	（名）鱼 fish
17.	虾	hɑ^{1}	（名）虾子 shrimp；prawns
18.	蟹	hɑi^{5}	（名）螃蟹 crab
19.	鸡	gei^{1}	（名）鸡 chicken
20.	鸭	ngɑb^{3}（ɑb^{3}）	（名）鸭 duck
21.	鹅	ngo^{4}	（名）鹅 goose

22. 鸡蛋　gei^{1}dan^{2}　（名）鸡蛋 egg
23. 皮蛋　péi^{4}dan^{2}　（名）皮蛋 preserved egg
24. 猪　ju^{1}　（名）猪 pig
25. 猪肉　ju^{1}yug^{6}　（名）猪肉 pork
26. 牛　ngeo^{4}　（名）牛 ox
27. 牛肉　ngeo^{4}yug^{6}　（名）牛肉 beef
28. 牛扒　ngeo^{4}pa^{2}　（名）牛排 beefsteak
29. 牛河　ngeo^{4}ho^{2}　（名）牛肉炒河粉 rice noodle cooked with beef
30. 饭　fan^{6}　（名）饭 meal；cooked rice
31. 粥　zug^{1}　（名）粥 gruel；porridge；congee
32. 河粉　ho^{4}fen^{2}　（名）河粉 rice noodles
33. 米粉　mei^{5}fen^{2}　（名）米粉 rice－flour noodles
34. 肠粉　cêng^{2}fen^{2}　（名）肠粉 Steamed Rice Rolls
35. 面条　min^{6}tiu^{4}　（名）面条 noodles
36. 面包　min^{6}bao^{1}　（名）面包 bread
37. 包　bao^{1}　（名）包子 steamed stuffed bun
38. 馒头　man^{6}teo^{4}　（名）馒头 steamed bread；bun
39. 饺子　gao^{2}ji^{2}　（名）饺子 jiaozi；dumpling
40. 云吞　wen^{4}ten^{1}　（名）馄饨 wonton
41. 炒饭　cao^{2}fan^{6}　（名）炒饭 fried rice
42. 煎饼　jin^{1}béng^{2}　（名）煎饼 pancake
43. 点心　dim^{2}sem^{1}　（名）点心 pastry；dimsum

七、练习

（一）根据所给的三个话题进行小组对话

1. 请客
2. 点菜
3. 讲饮讲食

（二）辨析下面的广州话词语，写出普通话译词

{饮 食	{系 喺	{知 识	{未 冇
{呢度 吖度	{食饭 食晏	{边个 边位	{经理 老细

（三）顾客点了什么吃的和喝的？请用广州话说出来

一碟瘦肉肠粉	一壶菊花茶
一碗牛肉面	两樽啤酒
一笼蒸饺	一碗鱼片粥
三个鸡蛋	一杯（bui^1）果汁
三个菜肉包	

dei6 geo2 fo3 da2 din6 wa2

第九课 打电话

一、会话入门篇

（一）

A：

Wei2 hei6m4hei6 Guong2dung1 Sang2 din6sên3 gung1xi1 a3

喂，系唔系广东省电信公司呀？

Wèi shìbùshì Guǎngdōng Shěng diànxìn gōngsī ya

喂，是不是广东省电信公司呀？

B：

M4 hei6 néi5 da2 co3 la3

唔系，你打错喇。

Bú shì nǐ dǎ cuò le

不是，你打错了。

A：

M4 hou2 yi3 xi1 da2gao2 sai3

唔好意思，打搅晒。

Bù hǎo yì si dǎrǎo la

不好意思，打扰啦。

（二）

A：

Néi5hou2 M4goi1 wen2 Zêng1 ging1léi5 téng1 din6wa2

你好！唔该揾张经理听电话。

Nǐhǎo Máfan nǐ zhǎo Zhāng jīnglǐ tīng diànhuà

你好！麻烦（你）找张经理听电话。

C：

Néi5 yeo5mou5 gao2 co3 a3 Néi1dou6 hei6 xi1yen4 din6wa2

你 有冇 搞 错 呀？ 呢度 系 私人 电话 。

Nǐ yǒuméiyǒu gǎo nòng cuò a Zhèli shì sīrén diànhuà

你 有没有 搞（弄）错 啊？ 这里 是 私人 电话 。

A：

Zen1 hei6 m4 hou2 yi3 xi1

真 系 唔 好 意 思。

Zhēn shì bù hǎo yì si

真 是 不 好 意 思。

二、会话提高篇

（一）

D：

Wei2 néi5 wen2 bin1wei2 a3

喂，你 揾 边位 呀？

Wèi nǐ zhǎo shuí ya

喂，你 找 谁 呀？

A：

Néi5hou2 Céng2men6 Zêng1 ging1léi5 hei2 go2 dou6 ma3

你好！ 请问， 张 经理 喺（吖）度 吗？

Nǐhǎo Qǐngwèn Zhāng jīnglǐ zài nàr ma

你好！ 请问， 张 经理 在 那儿 吗？

D：

Ngo5déi6 lou5sei3 m4 hei2 néi1 dou6 kêu5 ngam1ngam1

我哋 老细 唔 喺（呢）度， 佢 啱啱

Wǒmen lǎobǎn bú zài zhèr tā gānggāng

我们 老板 不 在 这儿， 他 刚刚

cêd1 zo2 hêu3 hoi1wui2 Néi5 ngan3 di1 da2 lei4 la1

出（咗）去 开会。你 晏 啲 打 嚟 啦。

chū qù kāihuì le Nǐ wǎn diǎnr dǎ lái ba

出 去 开会（了）。你 晚 点儿 打 来 吧。

A：

Kêu5 géi2xi4 fan1lei4 a3

佢 几时 返嚟 呀？

Tā héshí huílái a

他 何时 回来 啊？

D：

Dai6yêg6 bun3 go3 zung1teo4 dou6 la1

大约 半 个 钟头 度 啦。

Dàyuē bàn gè xiàoshí zuǒyòu ba

大约 半 个 小时 （左右）吧。

（二）

半个钟头后

A：

Wei2 céng2men6 Zêng1 ging1léi5 fan1lei4 méi6 a3

喂， 请问 张 经理 返嚟 未 呀？

Wèi qǐngwèn Zhāng jīnglǐ huílái méiyǒu a

喂， 请问 张 经理 回来 没有 啊？

B：

Zung6 méi6 fan1lei4

仲 未 返嚟。

Hái méi huílái

还 没 回来。

A：

Deng2 Zêng1 ging1léi5 fan1lei4 m4goi1 néi5 wa6béi2kêu5ji1 da2 go3 din6wa2

等 张 经理 返嚟，唔该 你 话畀佢知，打 个 电话

Děng Zhāng jīnglǐ huílái máfan nǐ gàosù tā dǎ gè diànhuà

等 张 经理 回来，麻烦 你 告诉 他，打 个 电话

béi2 ngo5 hou2 ma3
畀 我，好 吗？

gěi wǒ hǎo ma
给 我，好 吗？

B：

Hou2 a3 Néi5 guei3xing3 a3
好 呀。你 贵姓 呀？

Hǎo a Nín guìxìng a
好 啊。您 贵姓 啊？

A：

Ngo5 xing3 Gem1 ngo5 hei6 Dai6wa4 Gin3zug1 Gung1xi1 gé3 gung1qing4xi1
我 姓 金，我 系 大华 建筑 公司 嘅 工程师。

Wǒ xìng Jīn wǒ shì Dàhuá Jiànzhù Gōngsī de gōngchéngshī
我 姓 金，我 是 大华 建筑 公司 的 工程师。

D：

Dim2 tung4 néi5 lün4hei6 a3
点 同 你 联系 呀？

Zěnme hé nín liánxì ya
怎么 和 您 联系 呀？

A：

Ngo5 gé3 seo2géi1 hou6ma5 hei6 yed1ng5yi6geo2ling4sam1sam1sam1yi6yi6lug6
我 嘅 手机 号码 系 15290333226。

Wǒ de shǒujī hàomǎ shì yīwǔèrjiǔlíngsānsānsānèrèrliù
我 的 手机 号码 是 15290333226。

do1zé6
多谢！

xièxie
谢谢！

A：

M⁴sei²　hag³héi³
唔使　客气。
Búyòng　kèqi
不用　客气。

三、阅读课文

大华建筑公司一位姓金嘅工程师打电话揾广东省电信公司嘅张经理，张经理唔喺（吪）度，佢啱啱出咗去。半个钟头后，张经理仲未返嚟。金工程师叫人话畀张经理知，返嚟后打个电话畀佢。

四、生词

1. 打	da^2	（动）打 to make（a phone call）；to send；to dispatch
2. 喂	wei^2	（叹）喂 hello；hey
3. 省	$sang^2$	（名）省 province
4. 电信	$din^3 sên^3$	（名）电信 telecommunications
5. 公司	$gung^1 xi^1$	（名）公司 company；firm；corporation
6. 错	co^3	（形/名）错 wrong；mistaken
7. 唔好意思	$m^4 hou^2 yi^3 xi^1$	（动）不好意思 to be sorry；to feel embarrassed
8. 打搅	$da^2 gao^2$	（动）打搅；打扰 disturb；trouble
9. 揾	wen^2	（动）找 to look for；to seek
10. 经理	$ging^1 léi^5$	（名）经理 manager
11. 搞	gao^2	（动）搞；弄 to do
搞错	$gao^2 co^3$	搞错；弄错 to make a mistake
12. 私人	$xi^1 yen^4$	（名）私人 private

13. 真 zen1 （副）真 really；truly；indeed

14. 边位 bin1wei2 （代）哪位，谁 who；whom

15. 吓度 go2dou6 （代）那儿；那里 there

16. 啱啱 ngɑm1ngɑm1 （副）刚刚 only a short while ago

17. 出 cêd1 （动）出 to go or come out

18. 开（会） hoi1（wui2） （动）开（会） to hold or attend（a meeting）

19. 会 wui2 （名）会 meeting

20. 晏 ngɑn3 （形）晚；迟 late

迟 qi4 （形）迟 late

21. 大约 dɑi6yêg6 （副）大约 about；approximately

22. 半 bun3 （数）半 half

23. 钟头 zung1teo4 （名）钟头 hour

24. 度 dou2 （名）左右；上下 about；around

25. 后；以后 heo6；yi5heo6 （名）后；以后 later；after

26. 返嚟 fɑn1lei4 （动）回来 to return；to go or come back

27. 话 wɑ6 （动）说 to say；to speak；to talk

28. 建筑 gin3zug1 （动）建筑 to build；to construct

29. 工程师 gung1qing4xi1 （名）工程师 engineer

专有名词

1. 广东 Guong2dung1 （专名）Guangdong

2. 张 Zêng1 （专名）a surname

3. 金 Gem1 （专名）a surname

4. 大华建筑公司 Dɑi6wɑ4 Gin3zug1 Gung1xi1 （专名）a name of a company

五、常用句型

广州话	普通话
1. 呢度系唔系电信公司？	这里是不是电信公司？
2. 你打错电话喇。	你打错电话了。
3. 对唔住。	对不起。
4. 喂，你揾边个呀？	喂，你找谁（哪位）？
5. 请问，张经理喺度吗？	请问，张经理在（这儿/那儿）吗？

六、分类词语扩展

［疑问代词］

1. 边个　bin1go3　（代）谁 who；whom
2. 边位　bin1wei2　（代）哪位，谁 who；whom
3. 乜嘢　med1yé5　（代）什么 what
4. 几时　géi2xi4　（代）几时；什么时候 what time；when
5. 边度　bin1dou6　（代）哪儿；哪里 where
6. 边处　bin1xu3　（代）哪儿 where
7. 点　dim2　（代）怎么样；怎么 how
8. 点样　dim2yêng2　（代）怎么样 how
9. 点解　dim2gai2　（代）为什么 why
10. 几　géi2　几 how many；several
11. 几多　géi2do1　多少 how many；how much
12. 几耐　géi2noi6　多久、多长时间 how long

七、练习

（一）广州话词语辨析，请说说在用法上有什么不同

1. 普通话“们”，广州话“们”和“哋”。
   例如：老师们　同学们　我哋　你哋　佢哋

2. 普通话“小”，广州话“小”和“细”。
   例如：小朋友　小姐　小玲　细佬　细妹　细仔　细女

3. 普通话“下”，广州话“下”和“落”。
   例如：下昼　下周　下个月　落课　落楼　落雨

4. 普通话“找”，广州话“找”和“揾”。
   例如：找钱　揾人　揾嘢　揾工

5. 普通话“差”，广州话“争”和“差”。
   例如：争五文　争三个人　身体差　学习差

6. 普通话“来”，广州话“嚟”和“来”。
   例如：返嚟　过嚟　孙福来　马来西亚

7. 普通话“上 shàng”，广州话“上 sêng^5”和“上 sêng^6”。
   例如：上课 $\text{sêng}^5\text{fo}^3$　上堂 $\text{sêng}^5\text{tong}^4$　上楼 $\text{sêng}^5\text{leo}^2$
   上昼 $\text{sêng}^6\text{zeo}^3$　上星期 $\text{sêng}^6\text{xing}^1\text{kéi}^4$　上个月 $\text{sêng}^6\text{go}^3\text{yud}^6$

8. 普通话“听”，广州话“听 téng^1”和“听 ting^1”
   例如：听 téng^1 录音　听 téng^1 广州话　听 ting^1 日　听 ting^1 朝

（二）请把下列广州话翻译成普通话

1. 呢度系唔系暨南大学？
2. 唔系，你打错电话喇。

3. 对唔住，打搅晒。
4. 佢唔喺度，佢啱啱出咗去。
5. 你晏啲打嚟啦。
6. 你有乜嘢事呢？
7. 请问陈老师返嚟未呀？
8. 你揾边个呀？
9. 你等一阵啦。
10. 半个小时度。

（三）用广州话打电话，下列情况该怎么说

1. 询问地址
2. 找公司
3. 找人
4. 打错了电话
5. 请人传话

第十课 谈爱好

dei6 seb6 fo3 tam4 ngoi3 hou3

一、会话入门篇

A：

A3 Long4 néi5 yeo5 med1yé5 ngoi3hou3
阿龙，你有乜嘢爱好？
Ā Lóng nǐ yǒu shénme àihào
阿龙，你有什么爱好？

B：

Ngo5 zung1yi3 tég3 zug1keo4 da2 lam4keo4 yig6 zung1yi3 yeo4sêu2
我中意踢足球、打篮球，亦中意游水、
Wǒ xǐhuan tī zúqiú dǎ lánqiú yě xǐhuan yóuyǒng
我喜欢踢足球、打篮球，也喜欢游泳、

pao2bou6 zêu3 zung1yi3 da2 din6nou5 tung4mai4 wan2 yeo4héi3géi1
跑步，最中意打电脑同埋玩游戏机。
pǎobù zuì xǐhuan dǎ diànnǎo hé wán yóuxìjī
跑步，最喜欢打电脑和玩游戏机。

On1na4 néi5 né1
安娜，你呢？
Ānnà nǐ ne
安娜，你呢？

A：

Ngo5 zung1yi3 cêng3go1 tiu3mou5 wa6wa2 dug6xu1 sé2ji1 tung4 téng1
我中意唱歌、跳舞、画画、读书、写字同听
Wǒ xǐhuan chànggē tiàowǔ huàhuàr dúshū xiězì hé tīng
我喜欢唱歌、跳舞、画画儿、读书、写字和听

yem1ngog6　yig6　zung1yi3　tung4　peng4yeo5　king1gei2
音乐，　亦　中意　同　朋友　倾偈。

yīnyuè　yě　xǐhuan　hé　péngyǒu　liáotiānr
音乐，　也　喜欢　和　朋友　聊天儿。

B：

Néi5　zung1m4zung1yi3　tei2　din6ying2
你　中唔中意　睇　电影？

Nǐ　xǐ bù xǐhuan　kàn　diànyǐng
你　喜不喜欢　看　电影？

A：

Ngo5　m4　hei6　hou2　zung1yi3　tei2　din6ying2　ngo5　zung1yi3　tei2　din6xi6
我　唔　系　好　中意　睇　电影，我　中意　睇　电视。

Wǒ　bù　shì　hěn　xǐhuan　kàn　diànyǐng　wǒ　xǐhuan　kàn　diànshì
我　不　是　很　喜欢　看　电影，我　喜欢　看　电视。

B：

Wa　nêu5zei2　tung4　nam4zei2　gé3　ngoi3hou3　yeo5　hou2　do1　m4　yed1yêng6
哇，女仔　同　男仔　嘅　爱好　有　好　多　唔　一样。

Wa　nǚháizi　hé　nánháizi　de　àihào　yǒu　hǎo　duō　bù　yíyàng
哇，女孩子　和　男孩子　的　爱好　有　好　多　不　一样。

二、会话提高篇

A：

A3　Long4　fong3ga3　heo6　néi5　yiu3　hêu3　bin1dou6　wan2
阿　龙，　放假　后　你　要　去　边度　玩？

Ā　Lóng　fàngjià　hòu　nǐ　yào　qù　nǎr　wánr
阿　龙，　放假　后　你　要　去　哪儿　玩儿？

B：

Ngo5　sêng2　hêu3　Beg1ging1　wag3zé2　Sêng6hoi2　lêu5yeo4
我　想　去　北京　或者　上海　旅游。

Wǒ　xiǎng　qù　Běijīng　huòzhě　Shànghǎi　lǚyóu
我　想　去　北京　或者　上海　旅游。

Lêu^{5}yeo^4 hei^6 ngo^5 gé^3 ngoi^{3}hou^3 Néi^5 né^1
旅游 系 我 嘅 爱好。你 呢？
Lǚyóu shì wǒ de àihào Nǐ ne
旅游 是 我 的 爱好。你 呢？

A：

Ngo^5 sêng^2 wen^2 yen^4 gao^3 ngo^5 tan^4 gong^{6}kem^4 wag^{3}zé^2 lai^1 xiu^{2}tei^{4}kem^4
我 想 揾 人 教 我 弹 钢琴 或者 拉 小提琴，
Wǒ xiǎng zhǎo rén jiāo wǒ tán gāngqín huòzhě lā xiǎotíqín
我 想 找 人 教 我 弹 钢琴 或者 拉 小提琴，

yen^{1}wei^6 ngo^5 hou^2 zung^{1}yi^3 yem^{1}ngog^6
因为 我 好 中意 音乐 。
yīnwèi wǒ hǎo xǐhuan yīnyuè
因为 我 好 喜欢 音乐。

B：

Néi^1 go^3 zeo^{1}mud^6 hao^2 yun^4 xi^3 heo^6 ngo^{5}déi^6 yed^{1}cei^4 hêu^3
呢 个 周末 考 完 试 后，我哋 一齐 去
Zhè gè zhōumò kǎo wán shì hòu wǒmen yìqǐ qù
这 个 周末 考 完 试 后，我们 一起 去

Yud^{6}seo^3 Gung^{1}yun^2 wan^2 lo^3 ngo^5 zung^{1}yi^3 pa^{4}san^1
越秀公园 玩 啰，我 中意 爬山。
Yuèxiù Gōngyuán wánr luo wǒ xǐhuan páshān
越秀公园 玩儿 啰，我 喜欢 爬山。

A：

Hou^2 a^3 Géi^{3}ju^6 dai^3 mai^4 sêng^{2}géi^1 Yu^{4}guo^2 tin^{1}héi^3 hou^2 m^4 log^6 yu^5
好 呀。记住 带 埋 相机。如果 天气 好，唔 落 雨，
Hǎo a Jìzhù dài shàng xiàngjī Rúguǒ tiānqì hǎo bú xià yǔ
好 啊。记住 带 上 相机。如果 天气 好，不 下 雨，

ngo5 déi6　zeo6　　ying2　do1　géi2　zêng1　sêng2　Ngo5　zung1 yi3　ying2 sêng2
我哋　就　　影　多　几　张　相。我　中意　影相。

wǒmen　jiù　duō　zhào　　jǐ　zhāng　xiàng　Wǒ　xǐhuan　zhàoxiàng
我们　就　多　照　　几　张　相。我　喜欢　照相。

三、阅读课文

女仔同男仔嘅爱好有好多唔一样。

阿龙中意踢足球、打篮球，亦中意游泳、跑步，佢最中意打电脑同埋玩游戏机。放假后阿龙想去北京或者上海旅游。

安娜中意唱歌、跳舞、画画，亦中意读书、写字同埋睇电视。放假后佢想揾人教佢弹钢琴或者拉小提琴，因为佢好中意音乐。

呢个周末考完试后，阿龙同安娜想一齐去越秀公园玩，因为阿龙中意爬山，安娜喜欢影相。

四、生词

1. 谈　tam4　（动）谈 to talk
2. 爱好　ngoi3 hou3　（名）爱好 hobby
3. 踢　tég3　（动）踢 to play；to kick
4. 足球　zug1 keo4　（名）足球 football
5. 打　da2　（动）打 to play
   打球（打波）　da2 keo4（da2 bo1）　（名）打球 to play ball
6. 篮球　lam4 keo4　（名）篮球 basketball
7. 游泳（游水）　yeo4 wing6（yeo4 sêu2）　（动）游泳 to swim
8. 跑步　pao2 bou6　（动/名）跑步 to run；running
9. 电脑　din6 nou5　（名）电脑 computer
10. 同埋　tung4 mai4　（连）连同；和 together with；along with
11. 玩　wan2　（动）玩；玩儿 to play
12. 游戏机　yeo4 héi3 géi1　（名）游戏机 game consoles

13. 唱 cêng^{3} （动）唱 to sing
14. 歌 go^{1} （名）歌 song
15. 跳舞 tiu^{3}mou^{5} （动）跳舞 to dance
16. 画 wɑ^{6} （动）画 to draw；to paint
17. 画 wɑ^{2} （名）画儿 drawing；painting；picture
18. 读 dug^{6} （动）读 to read
19. 书 xu^{1} （名）书 book
20. 字 ji^{6} （名）字 character
21. 音乐 yem^{1}ngog^{6} （名）音乐 music
22. 倾偈 king^{1}gei^{2} （动）聊天儿 to chat
23. 电影 din^{6}ying^{2} （名）电影 film；movie
24. 电视 din^{6}xi^{6} （名）电视 television（T. V.）
25. 女仔 nêu^{5}zei^{2} （名）女孩子 girl
26. 男仔 nɑm^{4}zei^{2} （名）男孩子 boy
27. 好多 hou^{2}do^{1} 很多 a lot of
28. 一样 yed^{1}yêng^{6} （形）一样 same；identical
29. 放假 fong^{3}gɑ^{3} （动）放假 have a holiday or vacation
30. 旅游（旅行） lêu^{5}yeo^{4}（lêu^{5}heng^{4}） （动）旅游（旅行）to travel；to tour
31. 弹（弹奏） tɑn^{4}（tɑn^{4}zeo^{3}） （动）弹（弹奏）to play（a stringed musical instrument）；to pluck
32. 钢琴 gong^{6}kem^{4} （名）钢琴 piano
33. 拉 lɑi^{1} （动）拉 to play（certain musical instrument）
34. 小提琴 xiu^{2}tei^{4}kem^{4} （名）小提琴 violin
35. 喜欢 héi^{2}fun^{1} （动）喜欢 to like；to enjoy
36. 周末 zeo^{1}mud^{6} （名）周末 weekend
37. 完 yun^{4} （动）完 to finish；to complete；to be over
38. 公园 gung^{1}yun^{2} （名）公园 park
39. 啰 lo^{3} （助）啰（indicate an affirmative tone）
40. 爬 pɑ^{4} （动）爬 to climb

41.	山	sɑn^{1}	（名）山 mountain
42.	记	géi^{3}	（动）记 to remember；to bear in mind
43.	住	ju^{6}	住 firmly（used after some verbs as a complement）
44.	带	dɑi^{3}	（动）带 to bring；to take；to carry
45.	相机	sêng^{2}géi^{1}	（名）相机；照相机 camera
46.	天气	tin^{1}héi^{3}	（名）天气 weather
47.	落	log^{6}	（动）下 to fall
48.	雨	yu^{5}	（名）雨 rain
	落雨	log^{6}yu^{5}	下雨 to rain
49.	影相	ying^{2}sêng^{2}	（动）照相 to take a photograph
50.	张	zêng^{1}	（量）张（a measure word for photo，table，paper，etc.）

专有名词

1.	龙	Long^{4}	（专名）name；given name
2.	北京	Beg^{1}ging^{1}	（专名）Beijing
3.	上海	Sêng^{6}hoi^{2}	（专名）Shanghai
4.	越秀公园	Yud^{6}seo^{3} Gung^{1}yun^{2}	（专名）Yuexiu Park

五、常用句型

广州话	普通话
1. 你有乜嘢爱好？	你有什么爱好？
2. 我中意打羽毛球。	我喜欢打羽毛球。
3. 佢唔中意影相。	他不喜欢照相。
4. 我哋好中意旅游。	我们很喜欢旅游。
5. 唱歌同跳舞系我嘅爱好。	唱歌和跳舞是我的爱好。

六、分类词语扩展

［颜色词］

1. 红色	hung[4]xig[1]	（名）红色 red colour
2. 黄色	wong[4]xig[1]	（名）黄色 yellow colour
3. 蓝色	lam[4]xig[1]	（名）蓝色 blue colour
4. 白色	bag[6]xig[1]	（名）白色 white colour
5. 黑色	hag[1]xig[1]	（名）黑色 black colour
6. 绿色	lug[6]xig[1]	（名）绿色 green colour
7. 灰色	fui[1]xig[1]	（名）灰色 grey colour
8. 咖啡色	ga[3]fé[1]xig[1]	（名）咖啡色 the colour of coffee

七、练习

（一）根据课文内容，回答下列问题

1. 阿龙嘅爱好系乜嘢？
2. 安娜中意乜嘢？
3. 放假后阿龙要去边度玩？点解？
4. 安娜点解要揾人教佢弹钢琴或者拉小提琴？
5. 呢个周末考完试后阿龙同安娜要去边度？

（二）判断下列同义词，哪些是口语词，哪些是书面语词

{谈 倾}　{同 和}　{会 识}　{嘅 的}　{中意 喜欢}

（三）朗读后，请用广州话说出你的爱好

游泳　踢足球　打篮球　打羽毛球

唱歌　跳舞　弹钢琴　拉小提琴

读书	写字	睇电影	睇电视
画画	影相	听音乐	打电脑
跑步	爬山	旅游	玩游戏机

汉粤英词汇对照总表

（普通话、广州话、英语对照）

Vocabulary

说明：本表所列词条参照现代汉语词典的体例排列。

A

ā 阿	（前缀）	ɑ^{3} 阿	Ah（used before a pet name，monosyllabic surname，to make it sound more endearing；used before kinship terms）	2
āyí 阿姨	（名）	ɑ^{3}yi^{1} 阿姨	auntie	2
ɑ 啊	（助）	ɑ^{3} 呀	（indicate agreement or approval）	1
ɑ 啊（yɑ 呀）	（助）	ɑ^{3} 呀	（indicate doubt）	2
àihào 爱好	（名）	ngoi^{3}hou^{3} 爱好	hobby	10

B

bā 八	（数）	bad^{3} 八	eight	4
bàbɑ 爸爸	（名）	ɑ^{3}bɑ^{4} 阿爸 bɑ^{4}bɑ^{1} 爸爸	father；dad	2 4
bɑ 吧（lɑ 啦）	（助）	lɑ^{1} 啦	（indicate suggestion，request or command）	3
báisè 白色	（名）	bag^{6}xig^{1} 白色	white colour	10*
bǎi 百	（数）	bag^{3} 百	hundred	6
bān 班	（名）	ban^{1} 班	class	2
bàn 半	（数）	bun^{3} 半	half	9
bāozi 包子	（名）	bao^{1} 包	steamed stuffed bun	6
bēi 杯（bēizi 杯子）	（量/名）	bui^{1} 杯	cup	3*

běi 北	（名）	beg1 北	north	5*
běibian 北边	（名）	beg1bin6 北便	northern side	5*
běnkē 本科	（名）	bun2fo1 本科	undergraduate course	2
bǐsài 比赛	（动/名）	béi2coi3 比赛	match; competition	7
biān 边		bin6 便	side (suffix of a noun of locality)	5
biérén 别人	（名）	dei6go3 第个	other people; others	5
bōluó 菠萝	（名）	bo1lo4 菠萝	pineapple	6*
bù 不	（副）	m4 唔	not	1
bùbì 不必	（副）	m4sei2 唔使	need not	1
bùcuò 不错	（形）	m4co3 唔错	pretty good; not bad	8
bùhǎoyìsi 不好意思	（动）	m4hou2yi3xi1 唔好意思	to be sorry; to feel embarrassed	9
bùyòng 不用	（副）	m4sei2 唔使	need not	1

C

cái 才	（副）	xin1 先	only (used before a phrase to indicate that the number is small)	3
cài 菜	（名）	coi3 菜	vegetable; dish; greens	6
cānjiā 参加	（动）	cam1ga1 参加	attend; join; take part in	7
cāntīng 餐厅	（名）	can1téng1 餐厅	restaurant; dining room	8
cèsuǒ 厕所	（名）	qi3so2 厕所	toilet; lavatory; W. C.	5
cèyàn 测验	（动/名）	cag1yim6 测验	to test; to check; to give (have) a test	7
chá 茶	（名）	ca4 茶	tea	8
chà 差	（形）	ca1 差	not up to standard; poor	7*
chà 差	（动）	zang1 争	wanting; short of	7
chángfěn 肠粉	（名）	cêng2fen2 肠粉	Steamed Rice Rolls	8
chàng 唱	（动）	cêng3 唱	to sing	10
chǎofàn 炒饭	（名）	cao2fan6 炒饭	fried rice	8*
chē 车	（名）	cé1 车	vehicle	5
chēnghu 称呼	（动）	qing1fu1 称呼	call	3
chéngjì 成绩	（名）	xing4jig1 成绩	result of exam; mark	7*

chéngkè 乘客	（名）	xing4hag3 乘客	passenger	5
chéngzi 橙子	（名）	cang2 橙	orange	6*
chī 吃	（动）	xig6 食	to eat	2
chīfàn 吃饭	（动）	xig6fan6 食饭	to eat; to have a meal	7
chīwǔcān 吃午餐		xig6ng5can1 食午餐	to have lunch	7*
chīwǔfàn 吃午饭		xig6ngan3 食晏	to have lunch	7
chīzǎocān 吃早餐		xig6zou2can1 食早餐	to have breakfast	2
chí 迟	（形）	qi4 迟	late	9
chū 出	（动）	cêd1 出	to go or come out	9
chuān 穿	（动）	zêg3 着	to wear; to put on	6
cì 次	（量）	qi3 次	（a verbal measure word） time(s)	8
cuò 错	（形/名）	co3 错	wrong; mistaken	9

D

dā 搭（dāchéng 搭乘）	（动）	dab3 搭	to take（a bus, ship, plane, etc.）	5
dā dīshì 搭的士（dā chūzūchē 搭出租车）		dab3dig1xi2 搭的士（da2dig1 打的）	to take taxi	5
dǎ 打	（动）	da2 打	to make（a phone call）; to send; to dispatch	9
dǎ 打	（动）	da2 打	to play	10
dǎbāo 打包	（动）	da2bao1 打包	to pake with lunch box, food container, etc.	8
dǎjiǎo 打搅（dǎrǎo 打扰）	（动）	da2gao2 打搅（da2yiu5 打扰）	disturb; trouble	9
dǎqiú 打球	（动）	da2keo4 打球（da2bo1 打波）	to play ball	10
dà 大	（形）	dai6 大	eldest; large; big	3
dà 大	（形）	dai6 大	age	3
dàshǐguǎn 大使馆	（名）	dai6xi3gun2 大使馆	embassy	5

dàxué 大学	（名）	dai^{6}hog^6 大学	university	2
dàyuē 大约	（副）	dai^{6}yêg^6 大约	about；approximately	9
dài 带	（动）	dai^3 带	to bring；to take；to carry	10
dào 到	（动）	dou^3 到	to arrive；to reach	5
dàoqī 到期	（动）	dou^{3}kéi^4 到期	to expire	7
de 的	（助）	gé^3 嘅	（a structural particle）	2
de 得	（助）	deg^1 得	（a structural particle）	2
dīshì 的士（chūzūqìchē 出租汽车）	（名）	dig^{1}xi^2 的士	taxi	5
déxián 得闲（dékòng 得空）	（动）	deg^{1}han^4 得闲	to have leisure；to be free	7
děng 等	（动）	deng^2 等	to wait	6
dì 第	（词头）	dei^6 第	（a prefix indicating the ordinal number）	1
dìdi 弟弟	（名）	dei^{4}dei^2 弟弟	younger brother	4
dìtiě 地铁	（名）	déi^{6}tid^6 地铁	metro；subway	5
dìzhǐ 地址	（名）	déi^{6}ji^2 地址	address	4
diǎnr 点儿	（量）	di^1 啲	a little；a bit	1
diǎnxīn 点心	（名）	dim^{2}sem^1 点心	pastry；dimsum	8*
diǎn（zhōng）点（钟）	（量）	dim^2（zung^1）点（钟）	o'clock（a measure word）	7
diànhuà 电话	（名）	din^{6}wa^2 电话	telephone；phone call	4
diànnǎo 电脑	（名）	din^{6}nou^5 电脑	computer	10
diànshì 电视	（名）	din^{6}xi^6 电视	television（T. V.）	10
diànxìn 电信	（名）	din^{6}sên^3 电信	telecommunications	9
diànyǐng 电影	（名）	din^{6}ying^2 电影	film；movie	10
dié 碟	（量/名）	dib^6 碟	small plate；small dish	8
dōng 东	（名）	dung^1 东	east	5
dōngbian 东边	（名）	dung^{1}bin^6 东便	east side	5*
dōngxi 东西	（名）	yé^5 嘢	thing	6
dōu 都	（副）	dou^1 都	all	1

dú 读	（动）	dug6 读	to read	10
dúshū 读书	（动）	dug6xu1 读书	to study；to attend a school or university	2
duànliàn 锻炼	（动）	dün6lin6 锻炼	to take physical exercise	2
duìbuqǐ 对不起		dêu3m4ju6 对唔住	I am sorry	5
duō 多	（形）	do1 多	many；much	1
duō 多	（副）	géi2 几	how（used in questions indicating degree or extent）	3
duōdà 多大		géi2dai6 几大	how old	3
duōjiǔ 多久（duō cháng shíjiān 多长时间）		géi2noi6 几耐	how long	9*
duōshao 多少	（代）	géi2do1 几多	how many；how much	3
duōxiè 多谢		do1zé6 多谢	thanks a lot；many thanks	1
E				
é 鹅	（名）	ngo4 鹅	goose	8*
érzi 儿子	（名）	zei2 仔	son	3
èr 二	（数）	yi6 二	two	2
èrshí 二十（niàn 廿）	（数）	ya6 廿	twenty	3
F				
fānyì 翻译	（名/动）	fan1yig6 翻译	translator；to translate	4
fàn 饭	（名）	fan6 饭	meal；cooked rice	8
fàntáng 饭堂（shítáng 食堂）	（名）	fan6tong4 饭堂（xig6tong4 食堂）	dining room；canteen	7
fáng 房（fángjiān 房间）	（名）	fong2 房（fong4gan1 房间）	room	4
fàngjià 放假	（动）	fong3ga3 放假	have a holiday or vacation	10
fàngxué 放学	（动）	fong3hog6 放学	school is over（for the day）	10*
fēn 分	（量）	fen1 分	fen（1/100 of a yuan）	3*
fēn（zhōng）分（钟）	（量）	fen1（zung1）分（钟）	minute（1/60 of an hour）	7

fèn 份	（量）	fen^6 份	portion	8
fúzhuāng 服装	（名）	fug^6zong^1 服装	dress；garment；costume	6
fùxí 复习	（动）	fug^1zab^6 复习	to review；to revise	7
（wūnxí 温习）		（wen^1zab^6 温习）		7

G

gānggāng 刚刚	（副）	$ngam^1ngam^1$ 啱啱	only a short while ago	9
gāngqín 钢琴	（名）	$gong^6kem^4$ 钢琴	piano	10
gǎo 搞（nòng 弄）	（动）	gao^2 搞	to do	9
gàosùwǒ 告诉我		$wa^6béi^2ngo^5ji^1$ 话畀我知	to tell me	5
gē 歌	（名）	go^1 歌	song	10
gē 哥（gēge 哥哥）	（名）	go^1 哥（go^4go^1 哥哥）	elder brother	2
gēge 哥哥	（名）	dai^6lou^2 大佬	elder brother	4
gè 个	（量）	go^3 个	(a measure word, used before nouns without special measure words of their own)	3
gè 各	（代）	gog^3 各	each；every	5
gěi 给	（动/介）	$béi^2$ 畀	to give；for；to	2
gēn 跟	（介/连）	gen^1 跟	with；and	1
gōngchéngshī 工程师	（名）	$gung^1qing^4xi^1$ 工程师	engineer	9
gōngkè 功课	（名）	$gung^1fo^3$ 功课	schoolwork；homework	7
gōngsī 公司	（名）	$gung^1xi^1$ 公司	company；firm；corporation	4
gōngyuán 公园	（名）	$gung^1yun^2$ 公园	park	10
gòu 够	（形）	geo^3 够	enough	8
gòuwù 购物		keo^3med^6 购物	shopping	6
gòu 购（gòumǎi 购买）	（动）	keo^3 购（keo^3mai^5 购买）	buy；purchase	6
Guǎngzhōuhuà 广州话	（名）	$Guong^2zeo^1wa^2$ 广州话	Guangzhou dialect	1

guì 贵	（敬辞）	guei^{3} 贵	(pol.) your	3
guì 贵	（形）	guei^{3} 贵	expensive	6
guó 国	（名）	guog^{3} 国	country; state; nation	7
guójiā 国家	（名）	guog^{3}ga^{1} 国家	country; state; nation	7*
guǒzhī 果汁	（名）	guo^{2}zeb^{1} 果汁	fruit juice	8*
guò 过	（动）	go^{3} 过	to pass; to cross	5
guòjǐtiān 过几天		go^{3}géi^{2}yed^{6} 过几日	in a few days	7

H

hái 还	（副）	zung^{6} 仲	still; yet	2
hái 还 (háisuàn 还算) (xiāngdāng 相当)	（副）	géi^{2} 几	rather; fairly	2
hái hǎo 还好 (háibùcuò 还不错)		géi^{2} hou^{2} 几好	fair to middling (in fairly good but not very good); not bad	2
háishì 还是	（连）	ding^{6}hei^{6} 定系	or	8
Hànyǔ 汉语	（名）	Hon^{3}yu^{5} 汉语	Chinese (language)	2
hǎo 好	（形）	hou^{2} 好	good (used in polite expressions)	1
hǎo 好	（叹）	hou^{2} 好	OK (to express agreement)	1
hǎo 好	（形）	hou^{2} 好	be in good health; good; fine; nice	2
hǎo 好（hěn 很）	（副）	hou^{2} 好	very; quite	1
hào 号	（名）	hou^{6} 号	number	4
hào 号	（名）	hou^{6} 号	size	6
hào 号	（名）	hou^{6} 号	date	7
hàomǎ 号码	（名）	hou^{6}ma^{5} 号码	number	4
hē 喝	（动）	yem^{2} 饮	to drink	8
hēchá 喝茶 (hēzǎochá 喝早茶) (hēxiàwǔchá 喝下午茶)		yem^{2}ca^{4} 饮茶 (yem^{2}zou^{2}ca^{4} 饮早茶) (yem^{2}ha^{6}ng^{5}ca^{4} 饮下午茶)	to drink tea; to drink water; to have breakfast in restaurants; to eat dim sum in restaurants	8 8
hé 和（tóng 同）	（连）	wo^{4} 和（tung^{4} 同）	and	1

héchù 何处 （nǎr 哪儿）	（代）	bin1xu3 边处 （bin1dou6 边度）	where	5
héfěn 河粉	（名）	ho4fen2 河粉	rice noodles	8*
hēi 黑	（名）	hɑg1 黑	black	6
hēisè 黑色	（名）	hɑg1xig1 黑色	black colour	10*
hěnduō 很多		hou2do1 好多	a lot of	10
hóngsè 红色	（名）	hung4xig1 红色	red colour	10*
hòu 后 （hòubiān 后边）	（名）	heo6 后 （heo6bin6 后便）	behind；the back	5
hòu 后 （yǐhòu 以后）	（名）	heo6 后 （yi5heo6 以后）	later；after	9
hòunián 后年	（名）	heo6nin4 后年	the year after next	7*
hòutiān 后天	（名）	heo6yed6 后日	day after tomorrow	7
hú 壶 （cháhú 茶壶）	（量/名）	wu4 壶 （cɑ4wu2 茶壶）	pot（teapot）	8
hùzhào 护照	（名）	wu6jiu3 护照	passport	7
huà 画	（动）	wɑ6 画	to draw；to paint	10
huàr 画儿	（名）	wɑ2 画	drawing；painting；picture	10
huángsè 黄色	（名）	wong4xig1 黄色	yellow colour	10*
huīsè 灰色	（名）	fui1xig1 灰色	grey colour	10*
huí 回	（动）	fɑn1 返	to return；to go or come back	6
huí 回	（动）	wui4 回	to return；to go or come back	7
huílái 回来	（动）	fɑn1lei4 返嚟	to return；to go or come back	9
huì 会	（动/能愿）	xig1 识	can；to be able；to know how to do	1
huì 会	（名）	wui2 会	meeting	9
huìgù 惠顾	（动）	bong1cen3 帮衬	patronize	6
huǒchē 火车	（名）	fo2cé1 火车	train	5
huòzhě 或者	（连）	wɑg3zé2 或者	or	8
hūnlǐ 婚礼	（名）	fen1lei5 婚礼	wedding ceremony；wedding	7
húntun 馄饨	（名）	wen4ten1 云吞	wonton	8

J

jī 鸡	（名）	gei^{1} 鸡	chicken	8
jīchǎng 机场	（名）	géi^{1}cêng^{4} 机场	airport	5
jīdàn 鸡蛋	（名）	gei^{1}dan^{2} 鸡蛋	egg	8*
jǐ 几	（数）	géi^{2} 几	several	3
jǐ 几	（代）	géi^{2} 几	how many；how much	3
jǐshí 几时 （héshí 何时） （shénme shíhou 什么时候）	（代）	géi^{2}xi^{4} 几时	what time；when	7
jì 记	（动）	géi^{3} 记	to remember；to bear in mind	10
jiā 加	（动）	ga^{1} 加	to add	8
jiā 家	（名）	ngug^{1}kéi^{2} 屋企	family；home	4
jiātíng 家庭	（名）	ga^{1}ting^{4} 家庭	family；household	4
jià 价 （jiàqian 价钱） （jiàgé 价格）	（名）	ga^{3} 价 （ga^{3}qin^{4} 价钱） （ga^{3}gag^{3} 价格）	price	6
jiān 间；suǒ 所	（量）	gan^{1} 间	（a measure word for room，houses，schools，hospitals，etc.）	2
jiānbǐn 煎饼	（名）	jin^{1}béng^{2} 煎饼	pancake	8*
jiàn 件	（量）	gin^{6} 件	（a measure word for those things which can be counted）	6
jiàn 见	（动）	gin^{3} 见	to see；to meet	8
jiànzhù 建筑	（动）	gin^{3}zug^{1} 建筑	to build；to construct	9
jiǎng 讲	（动）	gong^{2} 讲	to speak；to talk；to tell	1
jiāo 教	（动）	gao^{3} 教	to teach	1
jiǎo <书面语> 角 （máo <口语> 毛）	（量）	gog^{3} <书面语> 角 （hou^{4} <口语> 毫）	jiao（one－tenth of a yuan）	6
jiǎozi 饺子	（名）	gao^{2}ji^{2} 饺子	jiaozi；dumpling	8
jiào 叫	（动）	giu^{3} 叫	to call	3
jiéhūn 结婚	（动）	gid^{3}fen^{1} 结婚	to marry；to get married	7

jiézhàng 结账	（动）	mai^{4}dan^1 埋单	to settle accounts；balance books	8
jiějie 姐姐	（名）	ga^{1}zé^1 家姐	elder sister	4
jièshào 介绍	（动）	gai^{3}xiu^6 介绍	to introduce	2
jīn 斤	（量）	gen^1 斤	jin（Chinese unit of weight，1/2 kilogram）	6
jīnnián 今年	（名）	gem^{1}nin^2 今年	this year	3
jīntiān 今天	（名）	gem^{1}yed^6 今日	today	7
jìn 近	（形）	ken^5 近	near；close	5
jīnglǐ 经理	（名）	ging^{1}léi^5 经理	manager	9
jiǔ 九	（数）	geo^2 九	nine	4
jiǔ 酒	（名）	zeo^2 酒	wine；alcoholic drink	8*
jiǔ 久	（形）	noi^6 耐	a long time	9*
jiù 就	（副）	zeo^6 就	then；at once	5
júzi 橘子	（名）	ged^1 桔	tangerine	6*
júhuāchá 菊花茶	（名）	gug^{1}fa^{1}ca^4 菊花茶	chrysanthemum tea	8

K

kāfēi 咖啡	（名）	ga^{3}fé^1 咖啡	coffee	8*
kāfēisè 咖啡色	（名）	ga^{3}fé^{1}xig^1 咖啡色	the colour of coffee	10*
kāi（huì）开（会）	（动）	hoi^1（wui^2）开（会）	to hold or attend（a meeting）	9
kāishuǐ 开水	（名）	guen^{2}sêu^2 滚水	boiled water；boiling water	8*
kàn 看	（动）	tei^2 睇	to see；to look at；to watch	1
kǎoshì 考试	（动/名）	hao^{2}xi^3 考试	to examine；examination	7
kělè 可乐（kékǒukělè 可口可乐）	（名）	ho^{2}log^6 可乐	Coca Cola	8*
kěyǐ 可以	（动）	ho^{2}yi^5 可以	can；may	5
kè 课	（名）	fo^3 课	lesson	1
kèběn 课本	（名）	fo^{3}bun^2 课本	textbook	*
kèqi 客气	（形）	hag^{3}héi^3 客气	polite；courteous	1
kèwén 课文	（名）	fo^{3}men^4 课文	text	1

kùzi 裤子	（名）	fu^{3} 裤	trousers	6
kuài 快	（形）	fɑi^{3} 快	fast；quick；rapid	3
kuài <口语>块（yuán <书面语>元）	（量）	men^{1} <口语>文（yun^{4} <书面语>元）	kuai（the basic unit of Chinese money）	6
kuàngquánshuǐ 矿泉水	（名）	kong^{3}qun^{4}sêu^{2} 矿泉水	mineral water	8*

L

lā 拉	（动）	lɑi^{1} 拉	to play（certain musical instrument）	10
lɑ 啦（bɑ 吧）	（助）	lɑ^{1} 啦	（indicate suggestion，request or command）	3
lɑ 喇（le ɑ 了啊）	（助）	sɑi^{3} 晒	（used at the end of a sentence to make it more emphatic）	3
le 了（le ɑ 了啊）	（助）	lɑ^{3} 喇	（express interrogation）	3
le 了	（助）	zo^{2} 咗	（used after a verb or adjective to indicate the completion of an action or a change）	2
lái 来	（动）	lei^{4} 嚟	to come；to arrive	3
lánqiú 篮球	（名）	lɑm^{4}keo^{4} 篮球	basketball	7
lánsè 蓝色	（名）	lɑm^{4}xig^{1} 蓝色	blue colour	10*
láojià 劳驾	（动）	m^{4}goi^{1} 唔该	（polite formula used when one requests people to make way，etc.）excuse me；would you please；may I trouble you	5
lǎo 佬	（名）	lou^{2} 佬	man；guy；fellow	4
lǎo 老	（形）	lou^{5} 老	old；aged	8
lǎobǎn 老板	（名）	lou^{5}sei^{3} 老细	boss	6
lǎoshī 老师	（名）	lou^{5}xi^{1} 老师	teacher	1
lí 梨	（名）	léi$^{4/2}$ 梨	pear	6*
lí 离	（介/动）	léi^{4} 离	from；to be from	5
lǐbài 礼拜	（名）	lei^{5}bai^{3} 礼拜	week	7
liántóng 连同（hé 和）	（连）	tung^{4}mai^{4} 同埋（wo^{4} 和）	together with；along with	10

liánxì 联系	（动）	lün4hei6 联系	to contact; to get in touch with	4
liáng kāishuǐ 凉开水		dung3 guen2 sêu2 冻滚水	cold boiled water	8*
liǎng 两	（数）	lêng5 两	two	4
liáotiānr 聊天儿	（动）	king1gei2 倾偈	to chat	10
líng 〇（零）	（数）	ling4 〇（零）	zero	4
língtou 零头	（数）	léng4 零	odd; with a little extra	7
lǐngshìguǎn 领事馆	（名）	ling5xi6gun2 领事馆	consulate	5
liúlián 榴莲	（名）	leo4lin4 榴莲	durian	6*
liúxuéshēng 留学生	（名）	leo4hog6seng1 留学生	student studying abroad	2
liù 六	（数）	lug6 六	six	3
lóng 笼 （zhēnglóng 蒸笼）	（量/名）	lung4 笼 （jing1lung4 蒸笼）	steamer (food steamer)	8
lóu 楼	（名）	leo2 楼	storey; floor	4
lù 路	（名/量）	lou6 路	way; road; path; bus number	5
luo 啰	（助）	lo3 啰	(indicate an affirmative tone)	10
lǚyóu 旅游 （lǚxíng 旅行）	（动）	lêu5yeo4 旅游 （lêu5heng4 旅行）	to travel; to tour	10
lǜsè 绿色	（名）	lug6xig1 绿色	green colour	10*

M

māma 妈妈	（名）	a3ma1 阿妈 ma4ma1 妈妈	mother; mum	2 4
mǎ 码 （chímǎ 尺码）	（名）	ma5 码 （cég3ma5 尺码）	a sign or thing indicating number	6
ma 吗	（助）	ma3 吗	(a modal particle indicating interrogation)	1
mǎi 买	（动）	mai5 买	to buy	6
mài 卖	（动）	mai6 卖	to sell	6
mántou 馒头	（名）	man6teo4 馒头	steamed bread; bun	8*
màn 慢	（副/形）	man6 慢	slowly; slow	3
mángguǒ 芒果	（名）	mong1guo2 芒果	mango	6*

máo <口语>毛 (jiǎo <书面语>角)	(量)	hou^4 <口语>毫 (gog^3 <书面语>角)	mao (one-tenth of a yuan)	6
méi 没 (méiyǒu 没有)	(副)	mou^5 冇	no; have not; be without	4
měi 每	(代)	mui^5 每	every; each	8
mèimei 妹妹	(名)	mui^2 妹 (sei^{3}mui^2 细妹)	younger sister	4
mén 门	(名)	mun^4 门	door; gate	5
ménkǒu 门口	(名)	mun^{4}heo^2 门口	door way; entrance	8
mǐfěn 米粉	(名)	mei^{5}fen^2 米粉	rice-flour noodles	8*
miànbāo 面包	(名)	min^{6}bao^1 面包	bread	8*
miàntiáo 面条	(名)	min^{6}tiu^4 面条	noodles	8
míngnián 明年	(名)	ming^{4}nin^4 明年 cêd^{1}nin^2 <口语>出年	next year	7 7
míngtiān 明天	(名)	ming^{4}yed^6 明日 ting^{1}yed^6 <口语>听日	tomorrow	7 7
míngzǎo 明早	(名)	ting^{1}jiu^1 听朝	tomorrow morning	7
míngzi 名字	(名)	méng^2 名	name	3

N

ná 拿	(动)	lo^2 捞	to take; to bring	6
nǎ 哪	(代)	bin^1 边	which; where	2
nǎge 哪个	(代)	bin^{1}go^3 边个	who; whom; which	2
nǎr 哪儿 (nǎli 哪里)	(代)	bin^{1}dou^{6}边度	where	3
nǎwèi 哪位 (shuí 谁)	(代)	bin^{1}wei^2 边位	who; whom	9
nà 那	(代)	go^2 吤	that	3

nàli 那里（nàr 那儿）	（代）	go^{2}dou^{6} 咁度	there	9
nàme 那么	（代）	gem^{3} 咁	such；so	6
nàxiē 那些	（名）	go^{2}di^{1} 咁啲	those	6
nǎichá 奶茶	（名）	nai^{5}ca^{4} 奶茶	tea with milk	8*
nǎinai 奶奶	（形）	a^{3}ma^{4} 阿嫲	grandmother	4
nán 南	（名）	nam^{4} 南	south	5*
nánbian 南边	（名）	nam^{4}bin^{6} 南便	southern side	5*
nán 难	（形）	nan^{4} 难	hard，difficult	1
nán 男	（名）	nam^{4} 男	man；male	5
ne 呢	（代）	né^{1} 呢	（a modal particle）	6
nǐ 你（nín 您）	（代）	néi^{5} 你	you（singular）	1
nǐmen 你们	（代）	néi^{5}déi^{6} 你哋	you（pl.）	1
nián 年	（名）	nin^{4} 年	year	2
niánjí 年级	（名）	nin^{4}keb^{1} 年级	grade	2
niánlíng 年龄	（名）	nin^{4}ling^{4} 年龄	age	3
niú 牛	（名）	ngeo^{4} 牛	ox	8*
niúnǎi 牛奶	（名）	ngeo^{4}nai^{5} 牛奶	milk	8*
niúpái 牛排	（名）	ngeo^{4}pa^{2} 牛扒	beefsteak	8*
niúròu 牛肉	（名）	ngeo^{4}yug^{6} 牛肉	beef	8
niúròu chǎo héfěn 牛肉炒河粉	（名）	ngeo^{4}ho^{2} 牛河	rice noodle cooked with beef	8*
nǚ 女	（名）	nêu^{5} 女	female；woman；	5
nǚ'ér 女儿	（名）	nêu^{2} 女	daughter	3
nǚháizi 女孩子		nêu^{5}zei^{2} 女仔	girl	10

P

pá 爬	（动）	pa^{4} 爬	to climb	10
pǎobù 跑步	（动/名）	pao^{2}bou^{6} 跑步	to run；running	10
pángxiè 螃蟹	（名）	hai^{5} 蟹	crab	8*
péngyou 朋友	（名）	peng^{4}yeo^{5} 朋友	friend	2

pídàn 皮蛋	（名）	péi^{4}dan^{2} 皮蛋	preserved egg	8
píjiǔ 啤酒	（名）	bé^{1}zeo^{2} 啤酒	beer	8
piányi 便宜	（形）	péng^{4} 平	cheap	6
piàn 片	（名/量）	pin$^{3/2}$ 片	a flat；thin piece	6
píng 瓶	（名/量）	zên^{1} 樽	bottle	8
píngguǒ 苹果	（名）	ping^{4}guo^{2} 苹果	apple	6
pútao 葡萄	（名）	pou^{4}tou^{2} 葡萄	grape	6*
Pǔtōnghuà 普通话	（名）	Pou^{2}tung^{1}wa^{2} 普通话	Putonghua；common speech（of the Chinese language）	1

Q

qī 七	（数）	ced^{1} 七	seven	3
qī 期（rìqī 日期）	（名）	kéi^{4} 期（yed^{6}kéi^{4} 日期）	date	7
qǐlái 起来（qǐchuáng 起床）	（动）	héi^{2}sen^{1} 起身	to get up；to get out of bed	2
qiān 千	（数）	qin^{1} 千	thousand	3*
qiānzhèng 签证	（名）	qim^{1}jing^{3} 签证	visa	7
qián 钱	（名）	qin^{2} 钱	money	6
qián 前	（名）	qin^{4} 前	forward；ahead	5
qiánnián 前年	（名）	qin^{4}nin^{2} 前年	the year before last	7
qiántiān 前天	（名）	qin^{4}yed^{6} 前日	the day before yesterday	7
qīnqi 亲戚	（名）	qen^{1}qig^{1} 亲戚	relative	4
qīngchu 清楚	（形）	qing^{1}co^{5} 清楚	clear	*
qǐng 请	（动）	céng^{2} 请	please	5
qǐng 请	（动）	céng^{2} 请	to invite	8
qǐngjià 请假	（动）	céng^{2}ga^{3} 请假	to ask for leave	7
qǐngkè 请客	（动）	céng^{2}hag^{3} 请客	to invite sb. to dinner	8
qǐngwèn 请问	（动）	céng^{2}men^{6} 请问	excuse me；please	3
qù 去	（动）	hêu^{3} 去	to go；to leave	5

qùnián 去年	（名）	geo^{6}nin^{2} <口语>旧年	last year	7
		heu^{3}nin^{4} 去年		7*
qúnzi 裙子	（名）	kuen^{4} 裙	skirt	6*

R

ránhòu 然后	（连）	yin^{4}heo^{6} 然后	then	7
rè 热	（形）	yid^{6} 热	hot	8
rén 人	（名）	yen^{4} 人	people	2
rènshi 认识	（动）	xig^{1} 识	to recognize; to know	2
rì 日	（名）	yed^{6} 日	day	7
rìqī 日期	（名）	yed^{6}kéi^{4} 日期	date	7
ròu 肉	（名）	yug^{6} 肉	meat	6
rúguǒ 如果	（连）	yu^{4}guo^{2} 如果	if; in case; in the event of	5

S

sān 三	（数）	sam^{1} 三	three	3
sānshí 三十 （sā 卅）	（数）	sa^{1} 卅	thirty	3
sǎn 伞	（名）	zé^{1} 遮	umbrella	10
sè 色	（名）	xig^{1} 色	colour	6
shài 晒	（动）	sai^{3} 晒	to be exposed to the sun	10
shān 山	（名）	san^{1} 山	mountain	10
shàng 上	（名）	sêng^{6} 上	up; upper; above	5*
shàngbian 上边	（名）	sêng^{6}bin^{6} 上便	above	5*
shàngcì 上次		sêng^{6}qi^{3} 上次	last time	8*
shànggeyuè 上个月		sêng^{6}go^{3}yud^{6} 上个月	last month	7*
shàngkè 上课	（动）	sêng^{5}fo^{3} 上课 （sêng^{5}tong^{4} 上堂）	to have class; to attend class	7 7
shàngwǔ 上午	（名）	sêng^{6}ng^{5} 上午 （sêng^{6}zeo^{3} 上昼）	morning	7 7

shàngxīngqī 上星期		sêng^{6}xing^{1}kéi^{4} 上星期	last week	7
shǎoxǔ 少许（shǎoliàng 少量）（yīdiǎnr 一点儿）	（形）	xiu^{2}xiu^{2} 少少	a little; a few	1
shēntǐ 身体	（名）	sen^{1}tei^{2} 身体	body; health	2
shénme 什么	（代）	med^{1} 乜	what	6
shénme 什么（shénme dōngxi 什么东西）	（代）	med^{1}yé^{5} 乜嘢	what	3
shēngcí 生词	（名）	seng^{1}qi^{4} 生词	new word	1
shēnghuó 生活	（动/名）	seng^{1}wud^{6} 生活	to live; life	2
shí 十	（数）	seb^{6} 十	ten	3
shíjiān 时间	（名）	xi^{4}gan^{3} 时间	time	7
shíliù 十六	（数）	seb^{6}lug^{6} 十六	sixteen	3
shítáng 食堂（fàntáng 饭堂）	（名）	xig^{6}tong^{4} 食堂（fan^{6}tong^{4} 饭堂）	dining room; canteen	7
shì 是	（动）	hei^{6} 系	to be	1
shì a 是啊		hei^{6}a^{3} 系呀	yes; right	2
shì 事	（名）	yé^{5} 嘢	job; work	3
shìqing 事情	（名）	xi^{6} 事	affair; matter; thing	7
shōu 收	（动）	seo^{1} 收	to get payment; to receive; to collect	6
shǒujī 手机	（名）	seo^{2}géi^{1} 手机	mobile telephone	4
shòu 瘦	（形）	seo^{3} 瘦	thin	8
shū 书	（名）	xu^{1} 书	book	10
shūcài 蔬菜	（名）	so^{1}coi^{3} 蔬菜	vegetables; greens	6
shūshu 叔叔	（名）	a^{3}sug^{1} 阿叔	uncle	2
shuāng 双	（量）	dêu^{3} 对	pair (a measure word for socks, shoes, etc.)	6
shuí 谁	（代）	bin^{1}go^{3} 边个	who; whom; which	2
shuǐ 水	（名）	sêu^{2} 水	water	8*

shuǐguǒ 水果	（名）	sêu2guo2 水果 （sang1go2 生果）	fruit	6 6
shuì 睡	（动）	fen3 瞓	to go to bed；to sleep	7
shuìjiào 睡觉	（动）	fen3gao3 瞓觉	to go to bed；to sleep	7
shuō 说	（动）	gong2 讲	to speak；to talk；to tell	1
shuō 说	（动）	wa6 话	to speak；to talk；to tell	5
sīrén 私人	（名）	xi1yen4 私人	private	9
sì 四	（数）	séi3 四	four	4
sùchéng 速成	（形/名）	cug1xing4 速成	speeded－up educational program	*
sùshè 宿舍	（名）	sug1sé3 宿舍	dormitory；hostel	4
suíbiàn 随便	（动/形）	cêu4bin2 随便 （xi6dan6 <口语> 肆惮，又写作"是但"）	to do as one pleases；random	8 8
suì 岁	（量）	sêu3 岁	years of age	3
sūnnǚ 孙女	（名）	xun1nêu2 孙女	granddaughter	3
suǒ 间；所	（量）	gan1 间	(a measure word for room，houses，schools，hospitals，etc.)	2
suǒyǐ 所以	（连）	so2yi5 所以	so；therefore	7

T

tā 他（她）	（代）	kêu5 佢	he，him；she，her	1
tāde 他（她）的	（代/形）	kêu5gé3 佢嘅	his；hers，her	
tāmen 他（她）们	（代）	kêu5déi6 佢哋	they；them	
tāmende 他（她）们的	（代/形）	kêu5déi6gé3 佢哋嘅	theirs；their	
tán 谈	（动）	tam4 谈	to talk	10
tán 弹 （tánzòu 弹奏）	（动）	tan4 弹 （tan4zeo3 弹奏）	to play（a stringed musical instrument）；to pluck	10
tī 踢	（动）	tég3 踢	to play；to kick	10
tiān 添	（动）	tim1 添	add；increase	8

tiānqì 天气	（名）	tin1héi3 天气	weather	10
tiānqiáo 天桥	（名）	tin1kiu4 天桥	overhead walkway；overhead crosswalk	5
tiáo 条	（量）	tiu4 条	（a measure word for long and thin things）	6
tiàowǔ 跳舞	（动）	tiu3mou5 跳舞	to dance	10
tīng 听	（动）	téng1 听	to hear；to listen	1
tóng 同（hé 和）	（连）	tung4 同（wo4 和）	and	1
tóngshì 同事	（名）	tung4xi6 同事	colleague；mate；fellow – worker	4*
tóngxuémen 同学们	（名）	tung4hog6mun4 同学们	classmates；schoolmates	1

W

wàzi 袜子	（名）	med6 袜	socks；stockings	6*
wàiguó 外国	（名）	ngoi6guog3 外国	foreign country	2
wán 完	（动）	yun4 完	to finish；to complete；to be over	10
wánr 玩儿	（动）	wan2 玩	to play	10
wǎn 碗	（量/名）	wun2 碗	bowl	6
wǎn 晚	（形）	ngan3 晏	late	9
wǎncān 晚餐 （wǎnfàn 晚饭）	（名）	man5can1 晚餐 （man5fan6 晚饭）	supper	8*
wǎnshang 晚上	（名）	man5hag1 晚黑 （man5sêng6 晚上）	evening；night	7 7
wàn 万	（数）	man3 万	ten thousand	3*
wèi 喂	（叹）	wei2 喂	hello；hey	9
wèi 位	（量）	wei2 位	（a measure word for person ）	2
wèi 未 （méi 没；bù 不）	（副）	méi6 未	have not；did not；not	2
wèidào 味道	（名）	méi6dou6 味道	taste	8*
wèishénme 为什么	（代）	dim2gai2 点解	why	7
wēnxí 温习	（动）	wen1zab6 温习	to review；revise	7
wèn 问	（动）	men6 问	to ask；to inquire	5
wènhòu 问候	（动）	men6heo6 问候	greeting	2

wǒ 我	（代）	ngo^{5} 我	I；me	1
wǒde 我的	（代/形）	ngo^{5}gé^{3} 我嘅	mine；my	2
wǒmen 我们	（代）	ngo^{5}déi^{6} 我哋	we；us	1
wūlóngchá 乌龙茶	（名）	wu^{1}lung^{2}ca^{4} 乌龙茶	oolong tea	8
wǔ 五	（数）	m^{5}（ng^{5}）五	five	3
wǔcān 午餐 （wǔfàn 午饭）	（名）	ng^{5}can^{1} 午餐 （ng^{5}fan^{6} 午饭）	lunch	8
wǔshí 五十	（数）	m^{5}seb^{6} 五十	fifty	3

X

xī 西	（名）	sei^{1} 西	west	5*
Xībānyáwén 西班牙文	（名）	Sei^{1}ban^{1}nga^{4}men^{2} 西班牙文	Spanish language	4
xībian 西边	（名）	sei^{1}bin^{6} 西便	west；west side	5*
xīguā 西瓜	（名）	sei^{1}gua^{1} 西瓜	watermelon	6*
xíguàn 习惯	（动）	guan^{3} 惯 （zab^{6}guan^{3} 习惯）	to be used to；habits	2
xǐhuān 喜欢	（动）	héi^{2}fun^{1} 喜欢	to like；to enjoy	10
xǐshǒujiān 洗手间 （cèsuǒ 厕所）	（名）	sei^{2}seo^{2}gan^{1} 洗手间 （qi^{3}so^{2} 厕所）	washroom；lavatory；toilet；W. C.	5
xì 系	（动）	hei^{6} 系	department（in a college）	2
xiāzi 虾子	（名）	ha^{1} 虾	shrimp；prawns	8*
xià 下	（动）	log^{6} 落	to get off	5
xià 下	（动）	log^{6} 落	to fall	10
xià 下	（动）	ha^{3} 下	next	7
xiàgeyuè 下个月		ha^{3}go^{3}yud^{6} 下个月	next month	7
xiàkè 下课	（动）	log^{6}fo^{3} 落课 log^{6}tong^{4} 落堂	to finish class；the class is over	*
xiàwǔ 下午	（名）	ha^{6}ng^{5} 下午 ha^{6}zeo^{3} 下昼 ngan^{3}zeo^{6} 晏昼	afternoon	7 7 7

xiàxīngqī 下星期		hɑ3xing1kéi4 下星期	next week	7
xiàyǔ 下雨		log6yu5 落雨	to rain	10
xiān 先	（副）	xin1 先	first	3
xiānsheng 先生	（名）	xin1sɑng1 先生	Mr.；sir	3
xiàn 线（xiànlù 线路）	（名）	xin3 线（xin3lou6 线路）	line	5
xiànzài 现在	（名）	yi4gɑ1 而家	now	7
xiāngdāng 相当	（副）	géi2 几 sêng1dong1 相当	rather；fairly	2
xiāngjiāo 香蕉	（名）	hêng1jiu1 香蕉	banana	6*
xiǎng 想	（能愿/动）	sêng2 想（nem2 谂）	to want；to think；be going；to miss；to suppose want to	1*
xiàngjī 相机（zhàoxiàngjī 照相机）	（名）	sêng2géi1 相机	camera	10
xiǎo 小	（形）	xiu2 小	little；young；small	3
xiǎo 小	（形）	sei3 细	young	3
xiǎojiě 小姐	（名）	xiu2zé2 小姐	miss	3
xiǎoshí 小时	（名）	xiu2xi6 小时	hour	7*
xiǎotíqín 小提琴	（名）	xiu2tei4kem4 小提琴	violin	10
xiézi 鞋子	（名）	hɑi4 鞋	shoes	6
xiě 写	（动）	sé2 写	to write	1
xiè 谢	（动）	zé6 谢	to thank	1
xièxie 谢谢（duōxiè 多谢）	（动）	do1zé6 多谢	thanks a lot；many thanks	1
xièxie 谢谢	（动）	m4goi1 唔该	thanks	8
xīngqī 星期	（名）	xing1kéi4 星期	week	7
xīngqīrì 星期日（xīngqītiān 星期天）	（名）	xing1kéi4yed6 星期日	Sunday	8

xíng 行 （kěyǐ 可以）	（形）	deg1 得	all right	6
xìng 姓	（动/名）	xing3 姓	surname；family name	3
xìngmíng 姓名	（名）	xing3ming4 姓名	surname and first name；full name	3
xūyào 需要	（动）	sêu1yiu3 需要	to need；to want	4
xué 学	（动）	hog6 学	to learn；to study	1
xuésheng 学生	（名）	hog6seng1 学生	student	2
xuéxí 学习	（动）	hog6zab6 学习	to learn；to study	1*
xuéyuàn 学院	（名）	hog6yun2 学院	college；institute	7

Y

yā 鸭	（名）	ngab3（ab3）鸭	duck	8*
ya 呀（a 啊）	（助）	a3 呀	（indicate doubt）	2
yánsè 颜色	（名）	ngan4xig1 颜色	colour	10*
yàng 样	（量）	yêng6 样	kind；type	8
yào 要	（动/能愿）	yiu3 要	to want；wish；shall；will	1
yào 要（yòng 用） （xūyào 需要）	（动）	sei2 使	to need	1
yéye 爷爷	（名）	yé4yé2 爷爷 a3yé4 阿爷	grandfather；grandpa	3 4
yě 也	（副）	yig6 亦	also；too	1
yī 一	（数）	yed1 一	one	1
yīdiǎnr 一点儿	（量）	yed1di1 一啲	a little；a bit	1
yīfu 衣服	（名）	sam1 衫	clothes	6
yīgezì 一个字		yed1go3ji3 一个字	five minutes	7
yīgòng 一共	（副）	yed1gung6 一共	altogether；in all；all told	6
yīqǐ 一起	（副）	yed1cei4 一齐	together	8
yīyàng 一样	（形）	yed1yêng6 一样	same；identical	10
yīzhèn 一阵 （yīhuìr 一会儿）	（名）	yed1zen6 一阵	a moment；a while	6
yīzhí 一直	（副）	yed1jig6 一直	straight ahead	5

yí 姨（āyí 阿姨）	（名）	yi1 姨（a3yi1 阿姨）	auntie	2
yǐjīng 已经	（副）	yi5ging1 已经	already	3
yì 亿	（数）	yig1 亿	a hundred million	3*
yīnwèi 因为	（连）	yen1wei6 因为	because	7
yīnyuè 音乐	（名）	yem1ngog6 音乐	music	10
yóuxìjī 游戏机	（名）	yeo4héi3géi1 游戏机	game consoles	10
yóuyǒng 游泳	（动）	yeo4wing6 游泳	to swim	10
yǒu 有	（动）	yeo5 有	to have；there is（are）	4
yǒuxiàoqī 有效期	（名）	yeo5hao6kéi4 有效期	date of expiry	7
yòumiàn 右面（yòubian 右边）	（名）	yeo6bin6 右便（yeo6bin1 右边）	the right side；the right	5
yú 鱼	（名）	yu4/2 鱼	fish	6
yǔ 与（hé 和）	（连）	yu5 与（wo4 和）	and；together with	2
yǔ 雨	（名）	yu5 雨	rain	10
yǔmáoqiú 羽毛球	（名）	yu5mou4keo4 羽毛球	badminton	7
yǔyīn 语音	（名）	yu5yem1 语音	pronunciation	*
yuán <书面语>元（kuài <口语>块）	（量）	yun4 <书面语>元（men1 <口语>文）	yuan（the basic unit of Chinese money）	6
yuǎn 远	（形）	yun5 远	far	5
yuē 约	（动）	yêg3 约	invite	7
yuè 月	（名）	yud6 月	month	7
Yuèyǔ 粤语	（名）	Yud6yu5 粤语	cantonese	1

Z

zài 再	（副）	zoi3 再	to a greater extent or degree	5
zài 再	（副）	zoi3 再	indicating one action taking place after the completion of another	7
zài 在	（介/动）	hei2 喺	in；at；to be；to exist	2
zàijiàn 再见	（动）	zoi3gin3 再见	goodbye	1
zǎocān 早餐	（名）	zou2can1 早餐	breakfast	2
zǎochen 早晨	（名）	sen4zou2 晨早	（early）morning	2

zǎoshang 早上	（名）	jiu^{1}zou^{2} 朝早	early morning	8
zǎoshanghǎo 早上好 (zǎo'ān 早安)		zou^{2}sen^{4} 早晨	good morning	2
zěnme 怎么	（代）	dim^{2} 点	how	3
zěnmeyàng 怎么样	（代）	dim^{2}yêng^{2} 点样	how	7*
zhàn 站	（名）	zam^{3} 站	station; stop	5
zhāng 张	（量）	zêng^{1}张	(a measure word for photo, table, paper, etc.)	10
zhàngfu 丈夫	（名）	lou^{5}gung^{1} 老公	husband	4
zhǎo 找	（动）	zao^{2} 找	to give sb. a change	6
zhǎo 找	（动）	wen^{2} 揾	to look for; to seek	9
zhàoxiàng 照相	（名）	ying^{2}sêng^{2} 影相	to take a photograph	10
zhè 这	（代）	néi^{1} 呢	this	2
zhèli 这里 (zhèr 这儿)	（代）	néi^{1}dou^{6} 呢度	here	5
zhème 这么	（代）	gem^{3} 咁	such; so	6
zhèxiē 这些	（代）	néi^{1}di^{1} 呢啲	these	8
zhēn 真	（副）	zen^{1} 真	really; truly; indeed	9
zhēng 蒸	（动）	jing^{1} 蒸	steam	8
zhī 支	（量）	ji^{1} 支	(a measure word for long, thin, inflexible objects)	8
zhī 只	（量）	zég^{3} 只	(a measure word)	3*
zhīdào 知道	（动）	ji^{1} 知	to know; realize	4
zhíyuán 职员	（名）	jig^{1}yun^{4} 职员	office worker; staff member	4*
zhōng 中	（名）	zung^{1} 中	among; middle; centre	6
zhōngtóu 钟头	（名）	zung^{1}teo^{4} 钟头	hour	9
Zhōngwén 中文 (Hànyǔ 汉语)	（名）	Zung^{1}men$^{4/2}$ 中文 (Hon^{3}yu^{5} 汉语)	Chinese language	1
zhōngwǔ 中午	（名）	zung^{1}ng^{5} 中午	noon	7

zhǒng 种	（量）	zung2 种	kind；type；sort	6
zhòngyì 中意	（动）	zung1yi3 中意	to like；to enjoy	8
zhōu 粥	（名）	zug1 粥	gruel；porridge；congee	6
zhōumò 周末	（名）	zeo1mud6 周末	weekend	10
zhū 猪	（名）	ju1 猪	pig	8
zhūròu 猪肉	（名）	ju1yug6 猪肉	pork	8
zhù 住	（动）	ju6 住	to live	4
zhù 住		ju6 住	firmly（used after some verbs as a complement）	10
zhùzhǐ 住址	（名）	ju6ji2 住址	address	4*
zhuǎn 转	（动）	jun2 转	to change；to turn	5
zhuǎnchē 转车	（动）	jun2cé1 转车	to change trains or buses	5
zhǔnbèi 准备	（动）	zêu2béi6 准备	to prepare；to get ready	7
zì 字	（名）	ji6 字	character	10
zǒng 总	（副）	zung2 总	total；all	5
zǒngzhàn 总站 （zhōngdiǎnzhàn 终点站）	（名）	zung2zam3 总站	terminal	5
zǒu 走	（动）	hang4 行 zeo2 走	to walk；to go；to leave；to go away	3 3
zúqiú 足球	（名）	zug1keo4 足球	football	10
zuì 最	（副）	zêu3 最	most	5
zuìhǎo 最好	（副）	zêu3hou2 最好	the best	5
zuótiān 昨天	（名）	zog3yed6 昨日 kem4yed6 琴日	yesterday	7 7
zuǒyòu 左右 （shàngxià 上下）	（名）	dou2 度	about；around	9
zuǒmiàn 左面 （zuǒbiān 左边）	（名）	zo2bin6 左便 （zo2bin1 左边）	left side	5

zuò 坐（chéngzuò 乘坐）	（动）	co^{5} 坐	by（bus，ship，etc）；to sit	5
zuò 座（dòng 栋）	（量）	zo^{6} 座（dung^{3} 栋）	（a measure word for building，mountain，etc.）	4
zuò 做	（动）	zou^{3} 做	to do	7
zuòshì 做事（gōngzuò 工作）	（动）	zou^{3}yé^{5} 做嘢	to work	3
zuòyè 作业	（名）	zog^{3}yeb^{6} 作业	homework	7

专有名词

Àidéhuá 爱德华	Ngoi^{3}deg^{1}wa^{4} 爱德华	name of a person	4
Ānnà 安娜	On^{1}na^{4} 安娜	name of a person	4
Àodàlìyà 澳大利亚	Ou^{3}dai^{6}léi^{6}nga^{3} 澳大利亚	Australia	1*
Àomén 澳门	Ngou^{3}mun^{2} 澳门	Macao	1*
Běijīng 北京	Beg^{1}ging^{1} 北京	Beijing	1*
Běijīnglù 北京路	Beg^{1}ging^{1}lou^{6} 北京路	Beijing Road	5
Bìlǔ 秘鲁	Béi^{3}lou^{5} 秘鲁	Peru	1*
Chángshòulù 长寿路	Cêng^{4}seo^{6}lou^{6} 长寿路	Changshou Road	5
Cháoxiǎn 朝鲜	Qiu^{4}sin^{1} 朝鲜	Korea（D. P. R. K）	1*
Chén 陈	Cen^{4} 陈	a surname	1
Dàhuá Jiànzhù Gōngsī 大华建筑公司	Dai^{6}wa^{4} Jin^{3}zug^{1} Gung^{1}xi^{1} 大华建筑公司	name of a company	9
Dàwèi 大卫	Dai^{6}wei^{6} 大卫	name of a person	7
Déguó 德国	Deg^{1}guog^{3} 德国	Germany	1*
Éluósī 俄罗斯	Ngo^{4}lo^{4}xi^{1} 俄罗斯	Russia	1*
Èguāduō'ěr 厄瓜多尔	Ek^{1}gua^{1}do^{1}yi^{5} 厄瓜多尔	Ecuador	1*
Fǎguó 法国	Fad^{3}guog^{3} 法国	France	1*
Fēilùbīn 菲律宾	Féi^{1}lêt^{6}ben^{1} 菲律宾	the Philippines	1*
Guǎngdōng 广东	Guong^{2}dung^{1} 广东	Guangdong	9

Guǎngzhōu 广州	Guong2zeo1 广州	Guangzhou	2
Hánguó 韩国	Hon4guog3 韩国	Korea (R. O. K)	1*
Huāyuán Jiǔdiàn 花园酒店	Fa1yun4 Zeo2dim3 花园酒店	the Garden Hotel	4
Huá 华	Wa4 华	name; given name	2
Huáwén Xuéyuàn 华文学院	Wa4men4 Hog6yun2 华文学院	College of Chinese Language and Culture	2
Huánshìdōnglù 环市东路	Wan4xi5dung1lou6 环市东路	name of a place	4
Huáng 黄	Wong4 黄	a surname	3
Huáng Xiǎolíng 黄小玲	Wong4 Xiu2ling4 黄小玲	a Chinese name	3
Jìnán Dàxué 暨南大学	Kéi3nam4 Dai6hog6 暨南大学	Jinan University	2
Jiā'nádà 加拿大	Ga1na4dai6 加拿大	Canada	1*
Jiǎnpǔzhài 柬埔寨	Gan2pou2zai6 柬埔寨	Cambodia	1*
Jīn 金	Gem1 金	a surname	9
Lǎowō 老挝	Lou5wo1 老挝	Laos	1*
Lǐ 李	Léi5 李	a surname	8
Lín Zǐxiáng 林子祥	Lem4 Zi5cêng4 林子祥	a Chinese name	7
Liú 刘	Leo4 刘	a surname	8
Lóng 龙	Long4 龙	name; given name	10
Mǎdájiāsījiā 马达加斯加	Ma5dat6ga1si1ga1 马达加斯加	Madagascar	1*
Mǎláixīyà 马来西亚	Ma5loi4sei1nga3 马来西亚	Malaysia	1*
Mǎlì 玛丽	Ma5lei6 玛丽	name of a person	2
Máolǐqiúsī 毛里求斯	Mou4léi5keo4si1 毛里求斯	Mauritius	1*
Měiguó 美国	Méi5guog3 美国	USA	1*
Měnggǔ 蒙古	Mung4gu2 蒙古	Mongolia	1*
Miǎndiàn 缅甸	Min5din6 缅甸	Burma	1*
Nánhú Cāntīng 南湖餐厅	Nam4wu4 Can1téng1 南湖餐厅	the South Lake Restaurant	8
Rìběn 日本	Yed6bun2 日本	Japan	1*
Ruìdiǎn 瑞典	Sêu6din2 瑞典	Sweden	1*
Ruìshì 瑞士	Sêu6xi6 瑞士	Switzerland	1*

Shànghǎi 上海	Sêng6hoi2 上海	Shanghai	10
Shàngxiàjiǔlù 上下九路	Sêng6ha6geo2lou6 上下九路	name of a place in Guang zhou	5
Shēnzhèn 深圳	Sem1zen3 深圳	Shenzhen	1*
Sūn Fúlái 孙福来	Xun1 Fug1loi4 孙福来	a Chinese name	7
Tàiguó 泰国	Tai3guog3 泰国	Thailand	1*
Tǐyù zhōngxīn 体育中心	Tei2yug6 zung1sem1 体育中心	Sports Center	5
Wáng 王	Wong4 王	a surname	2
Wūkèlán 乌克兰	Wu1heg1lan4 乌克兰	Ukraine	1*
Xiāng 香	Hêng1 香	name; given name	2
Xiānggǎng 香港	Hêng1gong2 香港	Hong Kong	4
Xīnjiāpō 新加坡	Sen1ga3bo1 新加坡	Singapore	1*
Yáng 杨	Yêng4 杨	a surname	3
Yáng Lìyīng 杨丽英	Yêng4 Lei6ying1 杨丽英	a Chinese name	3
Yìdàlì 意大利	Yi3dai6léi6 意大利	Italy	1*
Yìndù'níxīyà 印度尼西亚（印尼）	Yen3dou6nei4sei1nga3 印度尼西亚（印尼）	Indonesia	1*
Yīngguó 英国	Ying1guog3 英国	UK	2
Yuènán 越南	Yut6nam4 越南	Viet Nam	1*
Yuèxiù Gōngyuán 越秀公园	Yud6seo3 Gung1yun2 越秀公园	Yuexiu Park	10
Zhāng 张	Zêng1 张	a surname	2
Zhōngguó 中国	Zung1guog3 中国	China	4
Zhūhǎi 珠海	Ju1hoi2 珠海	Zhuhai	1*

粤汉英词汇对照总表

（广州话、普通话、英语对照）

Vocabulary

说明：本表所列词条首字母按英文 26 字母顺序排列，第二字母按广州话韵母表从上往下，从左至右的顺序排列，同音字母按声调顺序排列，以此类推。附广州话韵母表于下，以便检索：

单元音韵母	开韵尾（无韵尾）	ɑ [a]		é [ɛ]	i [i]	o [ɔ]	u [u]	ü [y]	ê [œ]	
复元音韵母	元音韵尾 [-i]	ɑi [ai]	ei [ɐi]	éi [ei]		oi [ɔi]	ui [ui]			
	元音韵尾 [-u]、[-y]	ɑo [au]	eo [ɐu]		iu [iu]	ou [ou]			êu [øy]	
鼻音韵母	鼻音韵尾 [-m]	ɑm [am]	em [ɐm]		im [im]					m [m]
	鼻音韵尾 [-n]	ɑn [an]	en [ɐn]		in [in]	on [ɔn]	un [un]	ün [yn]	ên [øn]	
	鼻音韵尾 [-ŋ]	ɑng [aŋ]	eng [ɐŋ]	éng [ɛŋ]	ing [ɪŋ]	ong [ɔŋ]	ung [ʊŋ]		êng [œŋ]	ng [ŋ]
塞音韵母	塞音韵尾 [-p]	ɑb [ap]	eb [ɐp]		ib [ip]					
	塞音韵尾 [-t]	ɑd [at]	ed [ɐt]		id [it]	od [ɔt]	ud [ut]	üd [yt]	êd [øt]	
	塞音韵尾 [-k]	ɑg [ak]	eg [ɐk]	ég [ɛk]	ig [ɪk]	og [ɔk]	ug [ʊk]		êg [œk]	

A

a^{3} 阿	（前缀）	ā 阿	Ah（used before a pet name，monosyllabic surname，to make it sound more endearing；used before kinship terms）	2
a^{3} 呀	（助）	a 啊	（indicate agreement or approval）	1
a^{3} 呀	（助）	a 啊（ya 呀）	（indicate doubt）	2
a^{3}ba^{4} 阿爸	（名）	bàba 爸爸	father；dad	2
a^{3}ma^{1} 阿妈	（名）	māma 妈妈	mother；mum	2
a^{3}ma^{4} 阿嫲	（名）	nǎinai 奶奶	grandmother	4
a^{3}sug^{1} 阿叔	（名）	shūshu 叔叔	uncle	5
a^{3}yé^{4} 阿爷	（名）	yéye 爷爷	grandfather；grandpa	4
a^{3}yi^{1} 阿姨	（名）	āyí 阿姨	auntie	2

B

ba^{4}ba^{1} 爸爸	（名）	bàba 爸爸	father；dad	2
bao^{1} 包	（名）	bāozi 包子	steamed stuffed bun	6
ban^{1} 班	（名）	bān 班	class	2
bad^{3} 八	（数）	bā 八	eight	4
bag^{3} 百	（数）	bǎi 百	hundred	6
bag^{6}xig^{1} 白色	（名）	báisè 白色	white colour	10*
beg^{1} 北	（名）	běi 北	north	5*
beg^{1}bin^{6} 北便	（名）	běibian 北边	northern side	5*
bé^{1}zeo^{2} 啤酒	（名）	píjiǔ 啤酒	beer	8
béi^{2} 畀	（动/介）	gěi 给	to give；for；to	6
béi^{2}coi^{3} 比赛	（动/名）	bǐsài 比赛	match；competition	7
bin^{1} 边	（代）	nǎ 哪	which；where	2
bin^{1}dou^{6} 边度	（代）	nǎr 哪儿（nǎli 哪里 héchù 何处）	where	3
bin^{1}go^{3} 边个	（代）	nǎge 哪个（shuí 谁）	who；whom	2
bin^{1}wei^{2} 边位	（代）	nǎwèi 哪位（shuí 谁）	who；whom	9
bin^{1}xu^{3} 边处	（代）	héchù 何处（nǎr 哪儿）	where	5

bin6 便		biān 边	side (suffix of a noun of locality)	5
bo1lo4 菠萝	（名）	bōluó 菠萝	pineapple	6*
bong1cen3 帮衬	（动）	huìgù 惠顾	patronize	6
bui1 杯	（量/名）	bēi 杯（bēizi 杯子）	cup	3*
bun2fo1 本科	（名）	běnkē 本科	undergraduate course	2
bun3 半	（数）	bàn 半	half	9

C

ca1 差	（形）	chà 差	not up to standard; poor	7
ca4 茶	（名）	chá 茶	tea	8
cao2fan6 炒饭	（名）	chǎofàn 炒饭	fried rice	8*
cam1ga1 参加	（动）	cānjiā 参加	attend; join; take part in	7
can1téng1 餐厅	（名）	cāntīng 餐厅	restaurant; dining room	8
cang2 橙	（名）	chéngzi 橙子	orange	6*
cag1yim6 测验	（动/名）	cèyàn 测验	to test; to check; to give (have) a test	7
ced1 七	（数）	qī 七	seven	3
cé1 车	（名）	chē 车	vehicle	5
céng2 请	（动）	qǐng 请	please	5
céng2 请	（动）	qǐng 请	to invite	8
céng2ga3 请假	（动）	qǐngjià 请假	to ask for leave	7
céng2hag3 请客	（动）	qǐngkè 请客	to invite sb. to dinner	8
céng2men6 请问	（动）	qǐngwèn 请问	excuse me; please	3
co3 错	（形/名）	cuò 错	wrong; mistaken	9
co5 坐	（动）	zuò 坐（chéngzuò 乘坐）	to sit; by (bus, ship, etc)	5
coi3 菜	（名）	cài 菜	vegetable; dish; greens	6
cug1xing4 速成	（形/名）	sùchéng 速成	speeded - up educational program	*
cêu4bin2 随便	（动/形）	suíbiàn 随便	to do as one pleases; random	8
cêng3 唱	（动）	chàng 唱	to sing	10
cêng2fen2 肠粉	（名）	chángfěn 肠粉	Steamed Rice Rolls	8
cêd1 出	（动）	chū 出	to go or come out	9
cêd1nin2 出年	（名）	míngnián 明年	next year	7

D

da^{2} 打	（动）	dǎ 打	to make (a phone call); to send; to dispatch	9
da^{2}bao^{1} 打包	（动）	dǎbāo 打包	to pake with lunch box, food container, etc.	8
da^{2} 打	（动）	dǎ 打	to play	10
da^{2}keo^{4} 打球 （da^{2}bo^{1} 打波）	（动）	dǎqiú 打球	to play ball	10
da^{2}gao^{2} 打搅 （da^{2}yiu^{5} 打扰）	（动）	dǎjiǎo 打搅 （dǎrǎo 打扰）	disturb; trouble	9
dai^{3} 带	（动）	dài 带	to bring; to take; to carry	10
dai^{6} 大	（形）	dà 大	eldest; large; big	3
dai^{6}hog^{6} 大学	（名）	dàxué 大学	university	2
dai^{6}lou^{2} 大佬	（名）	gēge 哥哥	elder brother	4
dai^{6}xi^{3}gun^{2} 大使馆	（名）	dàshǐguǎn 大使馆	embassy	5
dai^{6}yêg^{6} 大约	（副）	dàyuē 大约	about; approximately	9
dab^{3} 搭	（动）	dā 搭（dāchéng 搭乘）	to take (a bus, ship, plane, etc.)	5
dab^{3}dig^{1}xi^{2} 搭的士 （da^{2}dig^{1} 打的）		dādīshì 搭的士 （dāchūzūchē 搭出租车）	to take taxi	5
dei^{6}dei^{4} 弟弟	（名）	dìdi 弟弟	younger brother	4
dei^{6} 第	（词头）	dì 第	(a prefix indicating the ordinal number)	1
dei^{6}go^{3} 第个	（名）	biérén 别人	other people; others	5
deng^{2} 等	（动）	děng 等	to wait	6
deg^{1} 得	（助）	de 得	(a structural particle)	2
deg^{1} 得	（动）	xíng 行（kěyǐ 可以）	all right;	6
deg^{1}han^{4} 得闲	（动）	déxián 得闲 （dékòng 得空）	to have leisure; to be free	7
déi^{6}ji^{2} 地址	（名）	dìzhǐ 地址	address	4
déi^{6}kêu^{1} 地区	（名）	dìqū 地区	area; district; region	1*
déi^{6}tid^{6} 地铁	（名）	dìtiě 地铁	metro; subway	5

di1 啲	（量）	（yī）diǎnr（一）点儿	a little；a bit	1
din2 点	（代）	zěnme 怎么（zěnmeyàng 怎么样）	how	3
dim2gai2 点解	（代）	wèishénme 为什么	why	7
dim2sem1 点心	（名）	diǎnxīn 点心	pastry；dimsum	8*
dim2yêng2 点样	（代）	zěnmeyàng 怎么样	how	9*
din6nou5 电脑	（名）	diànnǎo 电脑	computer	10
din6sên3 电信	（名）	diànxìn 电信	telecommunications	9
din6xi6 电视	（名）	diànshì 电视	television（T. V.）	10
din6ying2 电影	（名）	diànyǐng 电影	film；movie	10
dim2（zung1）点（钟）	（量）	diǎn（zhōng）点（钟）	o'clock（a measure word）	7
din6wa2 电话	（名）	diànhuà 电话	telephone；phone call	4
ding6hei6 定系	（连）	háishì 还是	or	8
dib6 碟	（量/名）	dié 碟	small plate；small dish	8
dig1xi2 的士	（名）	dīshì 的士（chūzūqìchē 出租汽车）	taxi	5
do1 多	（形）	duō 多	many；much	1
do1zé6 多谢		duōxiè 多谢	thanks a lot；many thanks	1
dou1 都	（副）	dōu 都	all	1
dou3 到	（动）	dào 到	to arrive；to reach	5
dou3kéi4 到期	（动）	dàoqī 到期	to expire	7
dou2 度	（名）	zuǒyòu 左右（shàngxià 上下）	about；around	9
dung1 东	（名）	dōng 东	east	5
dung1bin6 东便	（名）	dōngbian 东边	east side	5*
dung3 guen2sêu2 冻滚水	（名）	liángkāishuǐ 凉开水	cold boiled water	8*
dug6 读	（动）	dú 读	to read	10
dug6xu1 读书	（动）	dúshū 读书	to study；to attend a school or university	2

dün6lin6 锻炼	（动）	duànliàn 锻炼	to take physical exercise	2
dêu3 对	（量）	shuāng 双	pair（a measure word for socks，shoes，etc.）	6
dêu3m4ju6 对唔住		duìbuqǐ 对不起	I am sorry	5

F

fai3 快	（形）	kuài 快	fast；quick；rapid	3
fan1 返	（动）	huí 回	to return；to go or come back	6
fan1hog6 返学（翻学）	（动）	shàngxué 上学	to go to school	*
fan1lei4 返嚟	（动）	huílái 回来	to return；to go or come back	9
fan1yig6 翻译	（名/动）	fānyì 翻译	translator；to translate	4
fan6 饭	（名）	fàn 饭	meal；cooked rice	8
fan6tong4 饭堂（xig6tong4 食堂）	（名）	fàntáng 饭堂（shítáng 食堂）	dining room；canteen	7
fen1 分	（量）	fēn 分	fen（1/100 of a yuan）	3*
fen1（zung1）分（钟）	（量）	fēn（zhōng）分（钟）	minute（1/60 of an hour）	7
fen6 份	（量）	fèn 份	portion	8
fen1lei5 婚礼	（名）	hūnlǐ 婚礼	wedding ceremony；wedding	7
fen3 瞓	（动）	shuì 睡	to go to bed；to sleep	7
fen3gao3 瞓觉		shuìjiào 睡觉	to go to bed；to sleep	7
fo2cé1 火车	（名）	huǒchē 火车	train	5
fo3 课	（名）	kè 课	lesson	1
fo3bun2 课本	（名）	kèběn 课本	textbook	*
fo3men4 课文	（名）	kèwén 课文	text	1
fong2 房（fong4gan1 房间）	（名）	fáng 房（fángjiān 房间）	room	4
fong3ga3 放假	（动）	fàngjià 放假	have a holiday or vacation	10
fu3 裤	（名）	kùzi 裤子	trousers	6
fui1xig1 灰色	（名）	huīsè 灰色	grey colour	10*

fug^{1}zab^{6} 复习 (wen^{1}zab^{6} 温习)	(动)	fùxí 复习 (wēnxí 温习)	to review; to revise	7
fug^{6}zong^{1} 服装	(名)	fúzhuāng 服装	dress; garment; costume	6*

G

ga^{1} 加	(动)	jiā 加	to add	8
ga^{1}ting^{4} 家庭	(名)	jiātíng 家庭	family; household	4
ga^{1}zé^{1} 家姐	(名)	jiějie 姐姐	elder sister	4
ga^{3} 价 (ga^{3}qin^{4} 价钱) (ga^{3}gag^{3} 价格)	(名)	jià 价 (jiàqian 价钱) (jiàgé 价格)	price	6
ga^{3} 㗎(嘅呀)	(助)	de ya 的呀	(used at the end of a declarative sentence or interrogative sentence to emphasize an affirmative or interrogative tone)	1
ga^{3}fé^{1} 咖啡	(名)	kāfēi 咖啡	coffee	8*
ga^{3}fé^{1}xig^{1} 咖啡色	(名)	kāfēisè 咖啡色	the colour of coffee	10*
gai^{3}xiu^{6} 介绍	(动)	jièshào 介绍	to introduce	2
gao^{2} 搞	(动)	gǎo 搞; nòng 弄	to do	9
gao^{2}ji^{2} 饺子	(名)	jiǎozi 饺子	jiaozi; dumpling	8
gao^{3} 教	(动)	jiāo 教	to teach	1
gan^{1} 间	(量)	jiān 间; suǒ 所	(a measure word for room, houses, schools, hospitals, etc.)	2
gei^{1} 鸡	(名)	jī 鸡	chicken	8
gei^{1}dan^{2} 鸡蛋	(名)	jīdàn 鸡蛋	egg	8*
geo^{2} 九	(数)	jiǔ 九	nine	4
geo^{3} 够	(形)	gòu 够	enough	8
geo^{6}nin^{2} <口语>旧年	(名)	qùnián 去年	last year	7
gem^{1}nin^{2} 今年	(名)	jīnnián 今年	this year	3
gem^{1}yed^{6} 今日	(名)	jīntiān 今天	today	7

gem³ 咁	（代）	zhème 这么； nàme 那么	such；so	6
gen¹ 斤	（量）	jīn 斤	jin（Chinese unit of weight，1/2 kilogram）	6
gen¹ 跟	（介/连）	gēn 跟	with；and	1
ged¹ 桔	（名）	júzi 橘（桔）子	tangerine	6*
gé³ 嘅	（助）	de 的	（a structural particle）	2
géi¹cêng⁴ 机场	（名）	jīchǎng 机场	airport	5
géi² 几	（数）	jǐ 几	several	3
géi² 几	（代）	jǐ 几	how many	3
géi² 几	（副）	hái 还 （háisuàn 还算）； xiāngdāng 相当	rather；fairly	2
géi² 几	（副）	duō 多	how（used in questions indicating degree or extent）	3
géi²dai⁶ 几大		duōdà 多大	how old	3
géi²do¹ 几多	（代）	duōshao 多少	how many；how much	3
géi²hou² 几好		háihǎo 还好； háibucuò 还不错	fair to middling（in fairly good but not very good）；not bad	2
géi²noi⁶ 几耐		duōjiǔ 多久； duōchángshíjiān 多长时间	how long	9*
géi²xi⁴ 几时	（代）	jǐshí 几时；héshí 何时； shénmeshíhou 什么时候	what time；when	7
géi³ 记	（动）	jì 记	to remember；to bear in mind	10
giu³ 叫	（动）	jiào 叫	to call	3
gin⁶ 件	（量）	jiàn 件	（a measure word for those things which can be counted）	6
gin³ 见	（动）	jiàn 见	to see；to meet	8

gin3zug1 建筑	(动)	jiànzhù 建筑	to build; to construct	9
ging1léi5 经理	(名)	jīnglǐ 经理	manager	9
gid3fen1 结婚	(动)	jiéhūn 结婚	to marry; to get married	7
go1 哥	(名)	gē 哥 (gēge 哥哥)	elder brother	2
go1 歌	(名)	gē 歌	song	10
go2 嗰	(代)	nà 那	that	3
go2dou6 嗰度	(代)	nàr 那儿 (nàli 那里)	there	9
go2di1 嗰啲	(代)	nàxiē 那些	those	6
go3 个	(量)	gè 个	(a measure word, used before nouns without special measure words of their own)	3
go3 过	(动)	guò 过	to pass; to cross	5
go3géi2yed6 过几日		guòjǐtiān 过几天	in a few days	7
gong2 讲	(动)	shuō 说	to speak; to talk; to tell	1
gong6kem4 钢琴	(名)	gāngqín 钢琴	piano	10
gog3 各	(代)	gè 各	each; every	5
gog3 <书面语>角 (hou4 <口语>毫)	(量)	jiǎo <书面语>角 (máo <口语>毛)	jiao (one-tenth of a yuan)	6
guan3 惯 (zab6guan3 习惯)	(动)	xíguàn 习惯	to be used to; habits	2
guei3 贵	(敬辞)	guì 贵	(pol.) your	3
guei3 贵	(形)	guì 贵	expensive	6
guen2sêu2 滚水	(名)	kāishuǐ 开水	boiled water; boiling water	8*
guo2zeb1 果汁	(名)	guǒzhī 果汁	fruit juice	8*
Guong2zeo1wa2 广州话	(名)	Guǎngzhōuhuà 广州话	Guangzhou dialect	1
guog3 国	(名)	guó 国	country; state; nation	7
guog3ga1 国家	(名)	guójiā 国家	country; state; nation	7
guog3jig6 国籍	(名)	guójí 国籍	nationality	1*
gung1fo3 功课	(名)	gōngkè 功课	schoolwork; homework	7

gung1qing4xi1 工程师	（名）	gōngchéngshī 工程师	engineer	9
gung1xi1 公司	（名）	gōngsī 公司	company；firm；corporation	4
gung1yun2 公园	（名）	gōngyuán 公园	park	10
gung1zog3 工作	（动）	gōngzuò 工作	work	3
gug1fa1ca4 菊花茶	（名）	júhuāchá 菊花茶	chrysanthemum tea	8

H

ha1 虾	（名）	xiāzi 虾子	shrimp；prawns	8*
ha3 下		xià 下	next	7
ha3go3yud6 下个月		xiàgeyuè 下个月	next month	7
ha3xing1kéi4 下星期		xiàxīngqī 下星期	next week	7*
ha6ng5 下午	（名）	xiàwǔ 下午	afternoon	7
ha6zeo3 下昼	（名）	xiàwǔ 下午	afternoon	7
hai4 鞋	（名）	xiézi 鞋子	shoes	6
hai5 蟹	（名）	pángxiè 螃蟹	crab	8*
hao2xi3 考试	（动/名）	kǎoshì 考试	to examine；examination	7
hang4 行	（动）	zǒu 走	to walk；to go；to leave；to go away	3
hag3héi3 客气	（形）	kèqi 客气	polite；courteous	1
hei2 喺	（介/动）	zài 在	in；at；to be；to exist	2
hei6 系	（动）	shì 是	to be	1
hei6a3 系呀	（叹）	shì a 是啊	yes；right	2
hei6 系	（名）	xì 系	department（in a college）	2
heo6 后 （heo6bin6 后便）	（名）	hòu 后 （hòubiān 后边）	behind；the back	5
heo6 后 （yi5heo6 以后）	（名）	hòu 后（yǐhòu 以后）	later；after	9
heo6nin4 后年	（名）	hòunián 后年	the year after next	7*
heo6yed6 后日	（名）	hòutiān 后天	day after tomorrow	7*
hag1 黑	（名）	hēi 黑	black	6
hag1xig1 黑色	（名）	hēisè 黑色	black colour	10*
héi2fun1 喜欢	（动）	xǐhuān 喜欢	to like；to enjoy	10

héi^{2}sen^{1} 起身	（动）	qǐlái 起来 （qǐchuáng 起床）	to get up；to get out of bed	2
ho^{2}log^{6} 可乐	（名）	kělè 可乐 kékǒukělè 可口可乐	Coca Cola	8*
ho^{2}yi^{5} 可以	（动）	kěyǐ 可以	can；may	5
ho^{4}fen^{2} 河粉	（名）	héfěn 河粉	rice noodles	8*
hoi^{1}（wui^{2}） 开（会）	（动）	kāi（huì）开（会）	to hold or attend（a meeting）	9
hou^{2} 好	（形）	hǎo 好	good（used in polite expressions）	1
hou^{2} 好	（形）	hǎo 好	OK（to express agreement）.	1
hou^{2} 好	（形）	hǎo 好	good；fine；nice；be in good health	2
hou^{2} 好	（副）	hǎo 好（hěn 很）	very；quite	1
hou^{2}do^{1} 好多		hěnduō 很多	a lot of	10
hou^{4} <口语>毫 （gog^{3} <书面语>角）	（量）	máo <口语>毛 （jiǎo <书面语>角）	jiao（one－tenth of a yuan）	6
hou^{6} 号	（名）	hào 号	date	7
hou^{6} 号	（名）	hào 号	size	6
hou^{6} 号	（名）	hào 号	number	4
hou^{6}ma^{5} 号码	（名）	hàomǎ 号码	number	4
Hon^{3}yu^{5} 汉语	（名）	Hànyǔ 汉语	Chinese（language）	2
hog^{6} 学	（动）	xué 学	to learn；to study	1
hog^{6}seng^{1} 学生	（名）	xuésheng 学生	student	2
hog^{6}yun^{2} 学院	（名）	xuéyuàn 学院	college；institute	7
hog^{6}zab^{6} 学习	（动）	xuéxí 学习	to learn；to study	1
hung^{4}xig^{1} 红色	（名）	hóngsè 红色	red colour	10*
hêu^{3} 去	（动）	qù 去	to go；to leave	5
hêu^{3}nin^{4} 去年	（名）	qùnián 去年	last year	7*
hêng^{1}jiu^{1} 香蕉	（名）	xiāngjiāo 香蕉	banana	6*

J

ji^1 支	（量）	zhī 支	（a measure word for long, thin, inflexible objects）	8
ji^1 知	（动）	zhīdào 知道	to know; realize	4
ji^6 字	（名）	zì 字	character	10
jiu^1zou^2 朝早	（名）	zǎoshang 早上	early in the morning	8
$jin^1béng^2$ 煎饼	（名）	jiānbǐn 煎饼	pancake	8*
$jing^1$ 蒸	（动）	zhēng 蒸	steam	8
jig^1yun^4 职员	（名）	zhíyuán 职员	office worker; staff member	4*
ju^1 猪	（名）	zhū 猪	pig	8*
ju^1yug^6 猪肉	（名）	zhūròu 猪肉	pork	8*
ju^6 住	（动）	ju^6 住	to live	4
ju^6 住		ju^6 住	firmly (used after some verbs as a complement)	10
ju^6 住	（动）	zhù 住	(used after some verbs as a complement indicating a halt or stillness)	10
ju^6ji^2 住址	（名）	zhùzhǐ 住址	address	4*
jun^2 转	（动）	zhuǎn 转	to change; to turn	5
$jun^2cé^1$ 转车	（动）	zhuǎnchē 转车	to change trains or buses	5

K

keo^3 购	（动）	gòu 购；mǎi 买；gòumǎi 购买	buy; purchase	6
keo^3med^6 购物		gòuwù 购物	shopping	6
kem^4yed^6 琴日	（名）	zuótiān 昨天	yesterday	7
ken^5 近	（形）	jìn 近	near; close	5
$kéi^4$ 期 ($yed^6kéi^4$ 日期)	（名）	qī 期（rìqī 日期）	date	7
$king^1gei^2$ 倾偈	（动）	liáotiānr 聊天儿	to chat	10
$kong^3qun^4sêu^2$ 矿泉水	（名）	kuàngquánshuǐ 矿泉水	mineral water	8*

kuen4 裙	（名）	qúnzi 裙子	skirt	6*
kêu5 佢	（代）	tā 他（她）	he，him；she，her	1
kêu5 déi6 佢哋	（代）	tāmen 他（她）们	they；them	1*
kêu5 déi6 gé3 佢哋嘅	（代/形）	tāmende 他（她）们的	theirs；their	1*
kêu5 gé3 佢嘅	（代/形）	tāde 他（她）的	his；hers，her	1*

L

la1 啦	（助）	ba 吧（la 啦）	(indicate suggestion，request or command)	3
la3 喇	（助）	le 了（le a 了啊）	(express interrogation)	3
lai1 拉	（动）	lā 拉	to play (certain musical instrument)	10
lam4 keo4 篮球	（名）	lánqiú 篮球	basketball	10
lam4 xig1 蓝色	（名）	lánsè 蓝色	blue colour	10*
lei4 嚟	（动）	lái 来	to come；to arrive	3
lei5 bai3 礼拜	（名）	lǐbài 礼拜	week	7
leo2 楼	（名）	lóu 楼	storey；floor	4
leo4 hog6 seng1 留学生	（名）	liúxuéshēng 留学生	student studying abroad	2
leo4 lin4 榴莲	（名）	liúlián 榴莲	durian	6*
léi4/2 梨	（名）	lí 梨	pear	6*
léi4 离	（介/动）	lí 离	from；to be from	5
léng4 零	（数）	língtou 零头	odd；with a little extra	7
ling4 〇（零）	（数）	líng 〇（零）	zero	4
ling5 xi6 gun2 领事馆	（名）	lǐngshìguǎn 领事馆	consulate	5
lo2 攞	（动）	ná 拿	to take；to bring	6
lo3 啰	（助）	luo 啰	(indicate an affirmative tone)	10
log6 落	（动）	xià 下	to get off	5
log6 落	（动）	xià 下	to fall	10
log6 fo3 落课（log6 tong4 落堂）	（动）	xiàkè 下课	to finish class；the class is over	7*
log6 yu5 落雨		xiàyǔ 下雨	to rain	10

lou^{2} 佬	（名）	lǎo 佬	man；guy；fellow	4
lou^{5} 老	（形）	lǎo 老	old；aged	8
lou^{5}gung^{1} 老公	（名）	zhàngfu 丈夫	husband	4
lou^{5}sei^{3} 老细	（名）	lǎobǎn 老板	boss	6
lou^{5}xi^{1} 老师	（名）	lǎoshī 老师	teacher	1
lou^{6} 路	（名/量）	lù 路	way；road；path；bus number	5
lung^{4} 笼 （jing^{1}lung^{4} 蒸笼）	（量/名）	lóng 笼 （zhēnglóng 蒸笼）	steamer （food steamer）	8
lug^{6} 六	（数）	liù 六	six	3
lug^{6}xig^{1} 绿色	（名）	lǜsè 绿色	green colour	10*
lün^{4}hei^{6} 联系	（动）	liánxì 联系	to contact；to get in touch with	4
lêu^{5}yeo^{4} 旅游 （lêu^{5}heng^{4} 旅行）	（名）	lǚyóu 旅游 （lǚxíng 旅行）	to travel；to tour	10
lêng^{5} 两	（数）	liǎng 两	two	4

M

ma^{3} 吗	（助）	ma 吗	（a modal particle indicating interrogation）	1
ma^{4}ma^{1} 妈妈	（名）	māma 妈妈	mother；mum	2
ma^{5} 码 （cég^{3}ma^{5} 尺码）	（名）	mǎ 码（chǐmǎ 尺码）	a sign or thing indicating number	6
mai^{6} 卖	（动）	mài 卖	to sell	6
mai^{4}dan^{1} 埋单	（动）	jiézhàng 结账	to settle accounts；balance books	8
mai^{5} 买	（动）	mǎi 买	to buy	6
man^{3} 万	（数）	wàn 万	ten thousand	3*
man^{5}can^{1} 晚餐	（名）	wǎncān 晚餐	supper	8*
man^{5}hag^{1} 晚黑 （man^{5}sêng^{6} 晚上）	（名）	wǎnshang 晚上	evening；night	7 7
man^{6} 慢	（副/形）	màn 慢	slowly；slow	3
man^{6}teo^{4} 馒头	（名）	mántou 馒头	steamed bread；bun	8*
mei^{5}fen^{2} 米粉	（名）	mǐfěn 米粉	rice－flour noodles	8*

men1 <口语>文 (yun4 <书面语>元)	(量)	kuài <口语>块 (yuán <书面语>元)	yuan (the basic unit of Chinese money)	6
men6 问	(动)	wèn 问	to ask; to inquire	5
men6heo6 问候	(动)	wènhòu 问候	greeting	2
med1 乜	(代)	shénme 什么	what	6
med1yé5 乜嘢	(代)	shénme 什么 (shénmedōngxi 什么东西)	what	3
med6 袜	(名)	wàzi 袜子	socks; stockings	6*
méi6 未	(副)	wèi 未 (méi 没; bù 不)	have not; did not; not	2
méi6dou6 味道	(名)	wèidào 味道	taste	8*
méng2 名	(名)	míngzi 名字	name	3
min6bao1 面包	(名)	miànbāo 面包	bread	8*
min6tiu4 面条	(名)	miàntiáo 面条	noodles	8
ming4nin4 明年	(名)	míngnián 明年	next year	7*
ming4yed6 明日	(名)	míngtiān 明天	tomorrow	7*
mou5 冇	(副)	méi 没 (méiyǒu 没有)	no; have not; be without	4
mong1guo2 芒果	(名)	mángguǒ 芒果	mango	6*
mui2 妹	(名)	mèimei 妹妹	younger sister	4
mui5 每	(代)	měi 每	every; each	8
mun4 门	(名)	mén 门	door; gate	5
mun4heo2 门口	(名)	ménkǒu 门口	door way; entrance	8
m4 唔	(副)	bù 不	not	1
m4co3 唔错	(形)	búcuò 不错	pretty good; not bad	8
m4goi1 唔该	(动)	láojià 劳驾	(polite formula used when one requests people to make way, etc.) excuse me; would you please; may I trouble you	5
m4goi1 唔该	(动)	xièxie 谢谢	thanks	8

$m^4hou^2yi^3xi^1$ 唔好意思	（动）	bùhǎoyìsi 不好意思	to be sorry; to feel embarrassed	9
m^4sei^2 唔使	（副）	bùyòng 不用（bùbì 不必）	need not	1
m^5（ng^5）五	（数）	wǔ 五	five	3
m^5seb^6 五十	（数）	wǔshí 五十	fifty	3
N				
nai^5ca^4 奶茶	（名）	nǎichá 奶茶	tea with milk	8*
nam^4 南	（名）	nán 南	south	5*
nam^4bin^6 南便	（名）	nánbian 南边	south; southern side; in the south	5*
nam^4 男	（名）	nán 男	man; male	5
nan^4 难	（形）	nán 难	hard, difficult	1
$né^1$ 呢	（助）	ne 呢	(a modal particle)	6
$néi^1$ 呢	（代）	zhè 这	this	2
$néi^1di^1$ 呢啲	（代）	zhèxiē 这些	these	8
$néi^1dou^6$ 呢度	（代）	zhèr 这儿（zhèli 这里）	here	5
$néi^5$ 你	（代）	nǐ 你（nín 您）	you (singular)	1
$néi^5déi^6$ 你哋	（代）	nǐmen 你们	you (pl.)	1
nin^4 年	（名）	nián 年	year	2
nin^4keb^1 年级	（名）	niánjí 年级	grade	2
nin^4ling^4 年龄	（名）	niánlíng 年龄	age	3
noi^6 耐	（形）	jiǔ 久	a long time	9*
$nêu^2$ 女	（名）	nǚ'ér 女儿	daughter	3
$nêu^5$ 女	（名）	nǚ 女	female; woman	5
$nêu^5zei^2$ 女仔	（名）	nǚháizi 女孩子	girl	10
ng^5（m^5）五	（数）	wǔ 五	five	3
ng^5can^1 午餐（ng^5fan^6 午饭）	（名）	wǔcān 午餐（wǔfàn 午饭）	lunch	8
$ngam^1ngam^1$ 啱啱	（副）	gānggāng 刚刚	only a short while ago	9

ngan^{3} 晏	（形）	wǎn 晚	late	9
ngan^{3}zeo^{6} 晏昼	（名）	xiàwǔ 下午	afternoon	7
ngan^{4}xig^{1} 颜色	（名）	yánsè 颜色	colour	7*
ngab^{3}（ab^{3}）鸭	（名）	yā 鸭	duck	8*
ngeo^{4} 牛	（名）	niú 牛	ox	8*
ngeo^{4}ho^{2} 牛河	（名）	niúròu chǎo héfěn 牛肉炒河粉	rice noodle cooked with beef	8*
ngeo^{4}nai^{5} 牛奶	（名）	niúnǎi 牛奶	milk	8*
ngeo^{4}pa^{2} 牛扒	（名）	niúpái 牛排	beefsteak	8*
ngeo^{4}yug^{6} 牛肉	（名）	niúròu 牛肉	beef	8
ngo^{4} 鹅	（名）	é 鹅	goose	8*
ngo^{5} 我	（代）	wǒ 我	I；me	1
ngo^{5}déi^{6} 我哋	（代）	wǒmen 我们	we；us	1
ngo^{5}gé^{3} 我嘅	（代/形）	wǒde 我的	mine；my	2
ngoi^{6}guog^{3} 外国	（名）	wàiguó 外国	foreign country	2
ngoi^{3}hou^{3} 爱好	（名）	àihào 爱好	hobby	10
ngug^{1}kéi^{2} 屋企	（名）	jiā 家	family；home	4

P

pa^{4} 爬	（动）	pá 爬	to climb	10
pao^{2}bou^{6} 跑步	（动/名）	pǎobù 跑步	to run；running	10
peng^{4}yeo^{5} 朋友	（名）	péngyou 朋友	friend	2
péi^{4}dan^{2} 皮蛋	（名）	pídàn 皮蛋	preserved egg	8
péng^{4} 平	（形）	piányi 便宜	cheap	6
pin$^{3/2}$ 片	（名）	piàn 片	a flat；thin piece	6
ping^{4}guo^{2} 苹果	（名）	píngguǒ 苹果	apple	6
Pou^{2}tung^{1}wa^{2} 普通话	（名）	Pǔtōnghuà 普通话	Putonghua；common speech（of the Chinese language）	1
pou^{4}tou^{2} 葡萄	（名）	pútao 葡萄	grape	6*

Q

qen^{1}qig^{1} 亲戚	（名）	qīnqi 亲戚	relative	4
qi^{3} 次	（量）	cì 次	（a verbal measure word） time （s）	8
qi^{3}so^{2} 厕所	（名）	cèsuǒ 厕所	toilet；lavatory；W. C.	5
qi^{4} 迟	（形）	chí 迟	late	9
qim^{1}jing^{3} 签证	（名）	qiānzhèng 签证	visa	7
qin^{1} 千	（数）	qiān 千	thousand	3*
qin^{2} 钱	（名）	qián 钱	money	6
qin^{4} 前	（名）	qián 前	forward；ahead	5
qin^{4}nin^{2} 前年	（名）	qiánnián 前年	the year before last	7*
qin^{4}yed^{6} 前日	（名）	qiántiān 前天	the day before yesterday	7*
qing^{1}co^{5} 清楚	（形）	qīngchu 清楚	clear	10*
qing^{1}fu^{1} 称呼	（名）	chēnghu 称呼	call	3

S

sɑ^{1} 卅	（数）	sānshí 三十（sā 卅）	thirty	3
sɑi^{3} 晒	（助）	lɑ 喇（le ɑ 了啊）	（used at the end of a sentence to make it more emphatic）	8
sɑm^{1} 三	（数）	sān 三	three	3
sɑm^{1} 衫	（名）	yīfu 衣服	clothes	6
sɑn^{1} 山	（名）	shān 山	mountain	10
sei^{1} 西	（名）	xī 西	west	5*
Sei^{1}bɑn^{1}ngɑ^{4}men^{2} 西班牙文	（名）	Xībānyáwén 西班牙文	Spanish language	4
sei^{1}bin^{6} 西便	（名）	xībiɑn 西边	west side	5*
sei^{1}guɑ^{1} 西瓜	（名）	xīguā 西瓜	watermelon	6*
sei^{2} 使	（动）	yào 要（yòng 用）（xūyào 需要）	to need	1
sei^{2}seo^{2}gɑn^{1} 洗手间（qi^{3}so^{2} 厕所）	（名）	xǐshǒujiān 洗手间（cèsuǒ 厕所）	washroom；lavatory；toilet；W. C.	5
sei^{3} 细	（形）	xiǎo 小	young	3

sei^{3}lou^{2} 细佬	（名）	dìdi 弟弟	younger brother	4
sei^{3}mui^{2} 细妹	（名）	mèimei 妹妹	younger sister	4
seo^{1} 收	（动）	shōu 收	to get payment；to receive；to collect	6
seo^{2}géi^{1} 手机	（名）	shǒujī 手机	mobile telephone	4
seo^{3} 瘦	（形）	shòu 瘦	thin	8
sen^{1}tei^{2} 身体	（名）	shēntǐ 身体	body；health	2
sen^{4}zou^{2} 晨早	（名）	zǎochen 早晨	early morning	2
seng^{1}qi^{4} 生词	（名）	shēngcí 生词	new word	1
seng^{1}wud^{6} 生活	（动/名）	shēnghuó 生活	to live；life	2
seb^{6} 十	（数）	shí 十	ten	3
seb^{6}lug^{6} 十六	（数）	shíliù 十六	sixteen	3
sé^{2} 写	（动）	xiě 写	to write	1
séi^{3} 四	（数）	sì 四	four	4
so^{1}coi^{3} 蔬菜	（名）	shūcài 蔬菜	vegetables；greens	8
so^{2}yi^{5} 所以	（连）	suǒyǐ 所以	so；therefore	7
sug^{1} 叔	（名）	shū 叔（shūshu 叔叔）	uncle	2
sug^{1}sé^{3} 宿舍	（名）	sùshè 宿舍	dormitory；hostel	4
sêu^{1}yiu^{3} 需要	（动）	xūyào 需要	to need；to want	4
sêu^{2} 水	（名）	shuǐ 水	water	8*
sêu^{2}guo^{2} 水果（sang^{1}go^{2} 生果）	（名）	shuǐguǒ 水果	fruit	6*
sêu^{3} 岁	（量）	suì 岁	years of age	3
sêng^{2} 想	（能愿/动）	xiǎng 想	to want；to think；be going；to miss；to suppose want to	1
sêng^{2}géi^{1} 相机	（名）	xiàngjī 相机（zhàoxiàngjī 照相机）	camera	10
sêng^{5}fo^{3} 上课（sêng^{5}tong^{4} 上堂）	（动）	shàngkè 上课	to have class；to attend class	7
sêng^{6}ng^{5} 上午	（名）	shàngwǔ 上午	morning	7
sêng^{6}go^{3}yud^{6} 上个月		shànggeyuè 上个月	last month	7*

粤语	词性	普通话	英语	课
sêng^{6}qi^3 上次		shàngcì 上次	last time	7*
sêng^{6}xing^{1}kéi^4 上星期		shàngxīngqī 上星期	last week	7*
sêng^{6}zeo^3 上昼	（名）	shàngwǔ 上午	morning	7

T

粤语	词性	普通话	英语	课
tam^4 谈	（动）	tán 谈	to talk	10
tan^4 弹（tan^{4}zeo^3 弹奏）	（动）	tán 弹（tánzòu 弹奏）	to play (a stringed musical instrument); to pluck	10
tei^2 睇	（动）	kàn 看	to see; to look at; to watch	1
téng^1 听	（动）	tīng 听	to hear; to listen	1
tég^3 踢	（动）	tī 踢	to play; to kick	10
tiu^{3}mou^5 跳舞	（动）	tiàowǔ 跳舞	to dance	10
tiu^4 条	（量）	tiáo 条	(a measure word for long and thin things)	6
tim^1 添	（动）	tiān 添	add; increase	8
tin^{1}héi^3 天气	（名）	tiānqì 天气	weather	10
tin^{1}kiu^4 天桥	（名）	tiānqiáo 天桥	overhead walkway; overhead crosswalk	5
ting^{1}jiu^1 听朝（ting^{1}yed^6 jiu^{1}zou^2 听日朝早）	（名）	míngtiān zǎoshang 明天早上	tomorrow morning	7*
ting^{1}yed^6 听日	（名）	míngtiān 明天	tomorrow	7
tung^4 同（wo^4 和）	（连）	tóng 同（hé 和）	and	1
tung^{4}hog^{6}mun^4 同学们	（名）	同学们	classmates; schoolmates	1
tung^{4}mai^4 同埋（wo^4 和）	（连）	liántóng 连同（hé 和）	together with; along with	10
tung^{4}xi^6 同事	（名）	tóngshì 同事	colleague; mate; fellow - worker	4*

W

粤语	词性	普通话	英语	课
wa^2 画	（名）	huàr 画儿	drawing; painting; picture	10
wa^6 画	（动）	huà 画	to draw; to paint	10
wa^6 话	（动）	shuō 说	to say; to speak; to talk	5
wa^{6}béi^{2}ngo^{5}ji^1 话畀我知		gàosùwǒ 告诉我	to tell me	5

wɑn^{2} 玩	（动）	wánr 玩儿	to play	10
wɑg^{3}zé^{2} 或者	（连）	huòzhě 或者	or	8
wei^{2} 喂	（叹）	wèi 喂	hello；hey	9
wei^{2} 位	（量）	wèi 位	(a measure word for person)	2
wen^{1}zɑb^{6} 温习	（动）	wēnxí 温习	to review；to revise	7
wen^{2} 揾	（动）	zhǎo 找	to look for；to seek	9
wen^{4}ten^{1} 云吞	（名）	húntun 馄饨	wonton	8
wo^{4} 和（tung^{4} 同）	（连）	hé 和（tóng 同）	and	1
wong^{4}xig^{1} 黄色	（名）	huángsè 黄色	yellow colour	10*
wu^{1}lung^{2}cɑ^{4} 乌龙茶	（名）	wūlóngchá 乌龙茶	oolong tea	8
wu^{4} 壶 （cɑ^{4}wu^{2} 茶壶）	（量/名）	hú 壶（cháhú 茶壶）	pot (teapot)	8
wu^{6}jiu^{3} 护照	（名）	hùzhào 护照	passport	7
wui^{4} 回	（动）	huí 回	return；go back	7
wui^{2} 会	（名）	huì 会	meeting	9
wun^{2} 碗	（量/名）	wǎn 碗	bowl	6

X

xi^{1}yen^{4} 私人	（名）	sīrén 私人	private	9
xi^{4}gɑn^{3} 时间	（名）	shíjiān 时间	time	7
xi^{6} 事	（名）	shìqing 事情	affair；matter；thing	7
xi^{3}dɑn^{6} <口语>肆惮 （又写作“是但”）	（动/形）	suíbiàn 随便	to do as one pleases；random	8
xiu^{2} 小	（形）	xiǎo 小	little；small；young	3
xiu^{2}xiu^{2} 少少	（形）	shǎoxǔ 少许 （shǎoliàng 少量） （yīdiǎnr 一点儿）	a little；a few	1
xiu^{2}tei^{4}kem^{4} 小提琴	（名）	xiǎotíqín 小提琴	violin	10
xiu^{2}zé^{2} 小姐	（名）	xiǎojiě 小姐	miss	3
xiu^{2}xi^{6} 小时	（名）	xiǎoshí 小时	hour	7*
xin^{1} 先	（副）	cái 才	only (used before a phrase to indicate that the number is small)	3

xin1sang1 先生	（名）	xiānsheng 先生	Mr.； sir	3
xin3 线 （xin3lou6 线路）	（名）	xiàn 线 （xiànlù 线路）	line	5
xing1kéi4 星期	（名）	xīngqī 星期	week	7
xing1kéi4yed6 星期日	（名）	xīngqīrì 星期日 （xīngqītiān 星期天）	Sunday	8
xing3 姓	（动/名）	xìng 姓	surname； family name	3
xing3ming4 姓名	（名）	xìngmíng 姓名	surname and first name； full name	3
xing4xi5 城市	（名）	chéngshì 城市	city	1*
xing4hag3 乘客	（名）	chéngkè 乘客	passenger	5
xing4jig1 成绩	（名）	chéngjì 成绩	result of exam； mark	*
xig1 识	（动/能愿）	huì 会	can； to be able； to know how to do	1
xig1 色	（名）	sè 色	colour	6
xig6 食	（动）	chī 吃	to eat	2
xig6fan6 食饭	（动）	chīfàn 吃饭	to eat； to have a meal	7
xig6ngan3 食晏		chīwǔfàn 吃午饭	have lunch	7
xig6ng5can1 食午餐		chīwǔcān 吃午餐	to have lunch	7
xig6tong4 食堂 （fan6tong4 饭堂）	（名）	shítáng 食堂 （fàntáng 饭堂）	dining room； canteen	7
xig6zou2can1 食早餐		chīzǎocān 吃早餐	to have breakfast	2
xu1 书	（名）	shū 书	book	10
xun1nêu2 孙女	（名）	sūnnǚ 孙女	granddaughter	3

Y

ya6 廿	（数）	èrshí 二十	twenty	3
yeo4héi3géi1 游戏机	（名）	yóuxìjī 游戏机	game consoles	10
yeo4wing6 游泳	（动）	yóuyǒng 游泳	to swim	10
yeo5 有	（动）	yǒu 有	to have； there is （are）	4
yeo5hao6kéi4 有效期	（名）	yǒuxiàoqī 有效期	date of expiry	7
yeo6bin6 右便 （yeo6bin1 右边）	（名）	yòumiàn 右面 （yòubian 右边）	right side	5

yem^{1}ngog^6 音乐	（名）	yīnyuè 音乐	music	10
yem^2 饮	（动）	hē 喝	to drink	8
yem^{2}cɑ^4 饮茶 （yem^{2}zou^{2}cɑ^4 饮早茶） （yem^{2}hɑ^{6}ng^{5}cɑ^4 饮下午茶）		hēchá 喝茶 （hēzǎochá 喝早茶） （hēxiàwǔchá 喝下午茶）	to drink tea; to drink water; to have breakfast in restaurants; to eat dim sum in restaurants	8 8 8
yen^{1}wei^6 因为	（连）	yīnwèi 因为	because	7
yen^4 人	（名）	rén 人	people	2
yed^1 一	（数）	yī 一	one	1
yed^{1}cei^4 一齐	（副）	yīqǐ 一起	together	7
yed^{1}di^1 一啲		yīdiǎnr 一点儿	a little; a bit	1
yed^{1}go^{3}ji^3 一个字		yīgezì 一个字	five minutes	7
yed^{1}gung^6 一共	（副）	yīgòng 一共	altogether; in all; all told	6
yed^{1}jig^6 一直	（副）	yīzhí 一直	straight ahead	5
yed^{1}yêng^6 一样	（形）	yīyàng 一样	same; identical	10
yed^{1}zen^6 一阵	（名）	yīzhèn 一阵 （yīhuìr 一会儿）	a moment; a while	6
yed^6 日	（名）	rì 日	day	7
yed^{6}kéi^4 日期	（名）	rìqī 日期	date	7
yé^{4}yé^2 爷爷	（名）	yéye 爷爷	grandfather; grandpa	3
yé^5 嘢	（名）	shì 事	job; work	3
yé^5 嘢	（名）	dōngxi 东西	thing; matter	6
yi^1 姨（ɑ^{3}yi^1 阿姨）	（名）	yí 姨（āyí 阿姨）	auntie	2
yi^{4}gɑ^1 而家	（名）	xiànzài 现在	now	7
yi^{5}ging^1 已经	（副）	yǐjīng 已经	already	3
yi^6 二	（数）	èr 二	two	2
yiu^3 要	（动/能愿）	yào 要	to want; wish; shall; will	1
yin^{4}heo^6 然后	（连）	ránhòu 然后	then	7
ying^{2}sêng^2 影相	（动）	zhàoxiàng 照相	to take a photograph	10
yid^6 热	（形）	rè 热	hot	8

yig1 亿	（数）	yì 亿	a hundred million	3*
yig6 亦	（副）	yě 也	also；too	1
yu5 雨	（名）	yǔ 雨	rain	10
yu4/2 鱼	（名）	yú 鱼	fish	6
yu4guo2 如果	（连）	rúguǒ 如果	if；in case；in the event of	5
yu5 与（wo4 和）	（连）	yǔ 与（hé 和）	and；together with	2
yu5mou4keo4 羽毛球	（名）	yǔmáoqiú 羽毛球	badminton	7
yu5yem1 语音	（名）	yǔyīn 语音	pronunciation	0
yu5yin4 语言	（名）	yǔyán 语言	language	0
yun4 完	（动）	wán 完	to finish；to complete；to be over	8
yun4 <书面语>元（men1 <口语>文）	（量）	yuán <书面语>元（kuài <口语>块）	yuan（the basic unit of Chinese money）	6
yun5 远	（形）	yuǎn 远	far	5
yud6 月	（名）	yuè 月	month	7
yud6yu5 粤语	（名）	yuèyǔ 粤语	cantonese	1
yug6 肉	（名）	ròu 肉	meat	6
yêng6 样	（量）	yàng 样	kind；type	8
yêg3 约	（动）	yuē 约	invite	7

Z

zao2 找	（动）	zhǎo 找	to give sb. a change	6
zam3 站	（名）	zhàn 站	station；stop	5
zang1 争	（动）	chà 差	wanting；short of	7
zab6guan3 习惯	（动）	xíguàn 习惯	to be used to；habits	2
zei2 仔	（名）	érzi 儿子	son	3
zeo1mud6 周末	（名）	zhōumò 周末	weekend	10
zeo2 走	（动）	zǒu 走	to walk；to go；to leave；to go away	3
zeo2 酒	（名）	jiǔ 酒	wine；alcoholic drink	8*
zeo6 就	（副）	jiù 就	then；at once	5
zen1 真	（副）	zhēn 真	really；truly；indeed	9
zêg3 着	（动）	chuān 穿	to wear；to put on	6

zé1 遮	（名）	sǎn 伞	umbrella	10
zé6 谢	（动）	xiè 谢	to thank	1
zég3 只	（量）	zhī 只	(a measure word)	3*
zo2 咗	（助）	le 了	(used after a verb or adjective to indicate the completion of an action or a change)	2
zo2bin6 左便 (zo2bian 左边)	（名）	(zuǒmiàn 左面) (zuǒbian 左边)	the left side; the left	5
zo6 座（dung3 栋）	（量）	zuò 座（dòng 栋）	(a measure word for building, mountain, etc.)	4
zoi3 再	（副）	zài 再	to a greater extent or degree	5
zoi3 再	（副）	zài 再	indicating one action taking place after the completion of another	7
zoi3gin3 再见	（动）	zàijiàn 再见	goodbye	1
zou2can1 早餐	（名）	zǎocān 早餐	breakfast	2
zou2sen4 早晨		zǎoshanghǎo 早上好 (zǎo'ān 早安)	good morning	2
zou3 做	（动）	zuò 做	to do	7
zou3yé5 做嘢	（动/名）	zuòshì 做事 (gōngzuò 工作)	to work	3
zog3yeb6 作业	（名）	zuòyè 作业	homework	7
zog3yed6 昨日	（名）	zuótiān 昨天	yesterday	7
zung1 中	（名）	zhōng 中	among; middle; centre	6
Zung1men4/2 中文 (Hon3yu5 汉语)	（名）	Zhōngwén 中文 (Hànyǔ 汉语)	Chinese language	1
zung1ng5 中午	（名）	zhōngwǔ 中午	noon	7
zung1teo4 钟头	（名）	zhōngtóu 钟头	hour	9
zung1yi3 中意	（动）	zhòngyì 中意	to like; to enjoy	8
zung2 总	（副）	zǒng 总	total; all	5

zung2zam3 总站	（名）	zǒngzhàn 总站（zhōngdiǎnzhàn 终点站）	terminal	5
zung2 种	（量）	zhǒng 种	kind；type；sort	6
zung6 仲	（副）	hái 还	still；yet	2
zug1 粥	（名）	zhōu 粥	gruel；porridge；congee	6
zug1keo4 足球	（名）	zúqiú 足球	football	10
zêu2béi6 准备	（动）	zhǔnbèi 准备	to prepare；to get ready	7
zêu3 最	（副）	zuì 最	most	5
zêu3hou2 最好	（副）	zuìhǎo 最好	the best	5
zên1 樽	（量/名）	píng 瓶	bottle	8
zêng1 张	（量）	zhāng 张	（a measure word for photo，table，paper，etc.）	10

专有名词

Beg1ging1 北京	Běijīng 北京	Beijing	10
Beg1ging1lou6 北京路	Běijīnglù 北京路	Beijing Road	5
Béi3lou5 秘鲁	Bìlǔ 秘鲁	Peru	1*
Cen4 陈	Chén 陈	a surname	1
Cêng4seo6lou6 长寿路	Chángshòulù 长寿路	Changshou Road	5
Dai6wa4 Jin3zug1 Gung1xi1 大华建筑公司	Dàhuá Jiànzhù Gōngsī 大华建筑公司	name of a company	9
Dai6wei6 大卫	Dàwèi 大卫	name of a person	7
Deg1guog3 德国	Déguó 德国	Germany	1*
Ek1gua1do1yi5 厄瓜多尔	Èguāduō'ěr 厄瓜多尔	Ecuador	1*
Fa1yun4 Zeo2dim3 花园酒店	Huāyuán Jiǔdiàn 花园酒店	the Garden Hotel	4
Fad3guog3 法国	Fǎguó 法国	France	1*
Féi1lêt6ben1 菲律宾	Fēilùbīn 菲律宾	the Philippines	1*
Ga1na4dai6 加拿大	Jiā'nádà 加拿大	Canada	1*

Gem^{1} 金	Jīn 金	a surname	9
Gan^{2}pou^{2}zai^{6} 柬埔寨	Jiǎnpǔzhài 柬埔寨	Cambodia	1*
Guong^{2}dung^{1} 广东	Guǎngdōng 广东	Guangdong	9
Guong^{2}zeo^{1} 广州	Guǎngzhōu 广州	Guangzhou	2
Hon^{4}guog^{3} 韩国	Hánguó 韩国	Korea（R. O. K）	1*
Hêng^{1} 香	Xiāng 香	name；given name	2
Hêng^{1}gong^{2} 香港	Xiānggǎng 香港	Hong Kong	4
Ju^{1}hoi^{2} 珠海	Zhūhǎi 珠海	Zhuhai	1*
Kéi^{3}nam^{4} Dai^{6}hog^{6} 暨南大学	Jìnán Dàxué 暨南大学	Jinan University	2
Leo^{4} 刘	Liú 刘	a surname	8
Lem^{4} Zi^{5}cêng^{4} 林子祥	Lín Zǐxiáng 林子祥	a Chinese name	7
Léi^{5} 李	Lǐ 李	a surname	8
Lou^{5}wo^{1} 老挝	Lǎowō 老挝	Laos	1*
Long^{4} 龙	Lóng 龙	name；given name	10
Ma^{5}dat^{6}ga^{1}si^{1}ga^{1} 马达加斯加	Mǎdájiāsījiā 马达加斯加	Madagascar	1*
Ma^{5}lei^{6} 玛丽	Mǎlì 玛丽	name of a person	2
Ma^{5}loi^{4}sei^{1}nga^{3} 马来西亚	Mǎláixīyà 马来西亚	Malaysia	1*
Méi^{5}guog^{3} 美国	Měiguó 美国	USA	1*
Min^{5}din^{6} 缅甸	Miǎndiàn 缅甸	Burma	1*
Mou^{4}léi^{5}keo^{4}si^{1} 毛里求斯	Máolǐqiúsī 毛里求斯	Mauritius	1*
Mung^{4}gu^{2} 蒙古	Měnggǔ 蒙古	Mongolia	1*
Nam^{4}wu^{4} Can^{1}téng^{1} 南湖餐厅	Nánhú Cāntīng 南湖餐厅	the South Lake Restaurant	8
Ngo^{4}lo^{4}xi^{1} 俄罗斯	Éluósī 俄罗斯	Russia	1*
Ngoi^{3}deg^{1}wa^{4} 爱德华	Àidéhuá 爱德华	name of a person	4
Ngou^{3}mun^{2} 澳门	Àomén 澳门	Macao	1*
On^{1}na^{4} 安娜	Ānnà 安娜	name of a person	4
Ou^{3}dai^{6}léi^{6}nga^{3} 澳大利亚	Àodàlìyà 澳大利亚	Australia	1*
Qiu^{4}sin^{1} 朝鲜	Cháoxiǎn 朝鲜	Korea（D. P. R. K）	1*
Sem^{1}zen^{3} 深圳	Shēnzhèn 深圳	Shenzhen	1*
Sen^{1}ga^{3}bo^{1} 新加坡	Xīnjiāpō 新加坡	Singapore	1*

Sêu^{6}din^2 瑞典	Ruìdiǎn 瑞典	Sweden	1*
Sêu^{6}xi^6 瑞士	Ruìshì 瑞士	Switzerland	1*
Sêng^{6}ha^{6}geo^{2}lou^6 上下九路	Shàngxiàjiǔlù 上下九路	name of a place in Guangzhou	5
Sêng^{6}hoi^2 上海	Shànghǎi 上海	Shanghai	10
Tai^{3}guog^3 泰国	Tàiguó 泰国	Thailand	1*
Tei^{2}yug^6 zung^{1}sem^1 体育中心	Tǐyù zhōngxīn 体育中心	Sports Center	5
Toi^{4}wan^1 台湾	Táiwān 台湾	Taiwan	1*
Wa^4 华	Huá 华	name; given name	2
Wa^{4}men^4 Hog^{6}yun^2 华文学院	Huáwén Xuéyuàn 华文学院	College of Chinese language and lulture	
Wan^{4}xi^{5}dung^{1}lou^6 环市东路	Huánshìdōnglù 环市东路	name of a place	4
Wong^4 王	Wáng 王	a surname	2
Wong^4 黄	Huáng 黄	a surname	3
Wong^4 Xiu^{2}lìng^4 黄小玲	Huáng Xiǎoling 黄小玲	a Chinese name	3
Wu^{1}heg^{1}lan^4 乌克兰	Wūkèlán 乌克兰	Ukraine	1*
Xun^1 Fug^{1}loi^4 孙福来	Sūn Fúlái 孙福来	a Chinese name	7
Yen^{3}dou^{6}nei^{4}sei^{1}nga^3 印度尼西亚（印尼）	Yìndù'níxīyà 印度尼西亚（印尼）	Indonesia	1*
Yed^{6}bun^2 日本	Rìběn 日本	Japan	1*
Yi^{3}dai^{6}léi^6 意大利	Yìdàlì 意大利	Italy	1*
Ying^{1}guog^3 英国	Yīngguó 英国	UK	2
Yut^{6}nam^4 越南	Yuènán 越南	Viet Nam	1*
Yud^{6}seo^3 Gung^{1}yun^2 越秀公园	Yuèxiù Gōngyuán 越秀公园	Yuexiu Park	10
Yêng^4 杨	Yáng 杨	a surname	3
Yêng^4 Lei^{6}ying^1 杨丽英	Yáng Lìyīng 杨丽英	a Chinese name	3
Zung^{1}guog^3 中国	Zhōngguó 中国	China	4
Zêng^1 张	Zhāng 张	a surname	2